rowohlt
BERLIN

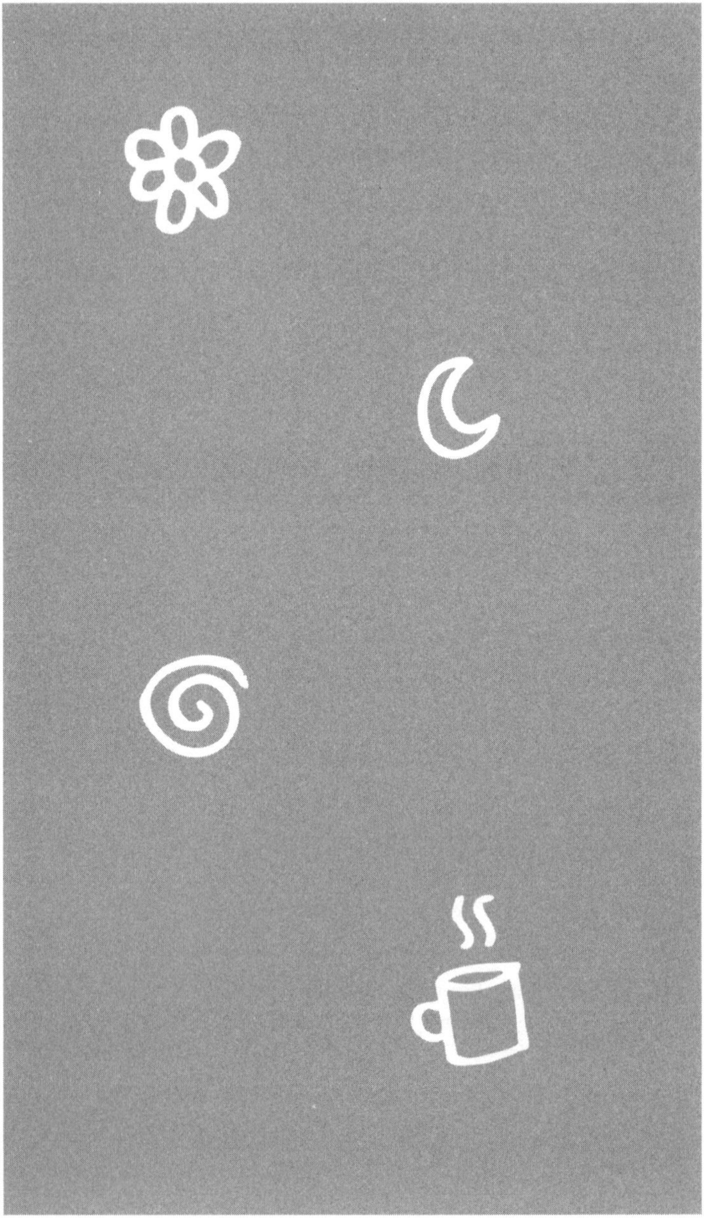

ROBIN ALEXANDER

Familie für Einsteiger

EIN ÜBERLEBENSHANDBUCH

Rowohlt · Berlin

1. Auflage September 2007

Satz aus der Plantin PostScript, InDesign,
von Pinkuin Satz und Datentechnik, Berlin
Druck und Bindung Clausen & Bosse, Leck
Printed in Germany
ISBN 978 3 87134 571 5

Inhalt

DAS KIND KOMMT

Am Anfang war die Zulu-Echse

Natürlich hätte ich es ahnen können. Spätestens an diesem Abend. Spätestens als meine Freundin einverstanden war, dass ich einen doppelten Balvanie bestellte. Das ist so ein teurer Angeberwhisky, den sie mir nur durchgehen lässt, wenn wir etwas zu feiern haben. Oder wenn sie mir etwas schonend beibringen will. Oder wenn sie ein schlechtes Gewissen hat. An jenem Abend hätte ich wahrscheinlich auch einen Drei- oder Vierfachen gedurft.

Aber zu diesem Zeitpunkt habe ich noch nichts bemerkt. Ich bin ganz ohne Arg und denke, wir verbringen einen besonders schönen Tag am Ende einer langen Reise durch Südafrika.

Am letzten Reisetag besteht meine Freundin darauf, den Abend in einem bestimmten Lokal zu verbringen, das immerhin eine halbe Autostunde von Kapstadt entfernt liegt. Eine farbige Kollegin – ist die vielleicht eingeweiht? – hat ihr eine ganz besondere Bar empfohlen. Die soll genau dort liegen, wo der Indische und der Atlantische Ozean ineinanderfließen. Von der Terrasse aus soll man die Sonne in beiden Ozeanen gleichzeitig versinken sehen.

War nicht schon dieser Ort verdächtig? Letzter Abend. Letzte Drinks. Doppelter Whisky. Doppelter Sonnenuntergang. In einer Männer-Metapher ausgedrückt: Würde Romantik mit einem Drehzahlmesser gemessen, wären wir voll im roten Bereich gewesen. Die Situation schrie nach einer bedeutungsschwangeren Pause in der Konversation, einem tiefen Blick in die Augen und einer formellen Frage: «Möchtest du mein Mann werden?»

Aber Heiratsanträge machen ja Männer, nicht Frauen. Und meine Freundin schon gar nicht. Nicht weil sie konservativ wäre oder schüchtern. Anträge machen liegt ihr einfach nicht so. Denn die uralte europäische Kulturtechnik des Heiratsantrages setzt ein Gegenüber voraus, das ja sagt. Oder nein. Und genau dieser Unsicherheitsfaktor ist überhaupt nicht nach ihrem Geschmack. Sie entscheidet lieber allein. Und verkündet dann Tatsachen. Immerhin hat sie eine ziemlich charmante Art entwickelt, Menschen beizubringen, dass die Dinge liegen, wie sie liegen.

An diesem Abend geht das so: Sie nimmt eine kleine Papiertüte aus ihrer Tasche, zieht etwas daraus hervor und stellt es auf den Tisch. Es sieht aus wie eine Art Salamander, der aus einem Draht geformt ist, auf den viele kleine bunte Perlen gesteckt sind.

«Was ist das?», frage ich.

«Eine afrikanische Echse», sagt sie.

«Aha.»

«Sie ist in traditioneller Zulu-Technik gefertigt, und ich habe sie heute Morgen in Khayelitsha gekauft.»

«Aha.»

«Sie wird von einer Frauen-Kooperative gefertigt, die ein altes Kunsthandwerk wiederbeleben möchten.»

«Aha.»

«Und sie stellt dich dar.»

In diesem Moment ist klar, es passiert etwas. Blitzschnell kalkuliert mein Kopf, ob ich eher mit der Methode «Da ist gar nichts gewesen» davonkomme oder mit der Methode «Es tut mir schrecklich leid». Vertrackt: Ich weiß gar nicht, was ich mir diesmal habe zuschulden kommen lassen.

Jetzt greift sie zum zweiten Mal in die Papiertüte und stellt eine weitere Perlenechse auf den Tisch. Diese ist ein wenig kleiner als die erste.

«Und das bist du?», kombiniere ich vorsichtig.

«Genau.»

«Und?»

Dann folgt eine lange Sekunde. Ich weiß, dass alle Sekunden gleich lang sind. Und dass es kitschig ist, Momente, die man selbst intensiv empfunden hat, so zu beschreiben, als sei die Zeit oder gleich die ganze Welt stehengeblieben. Aber ich schwöre: In diesem Moment schweigen alle Gäste und alle Kellner in der Bar, und die Wellen von zwei Meeren, in denen die Sonne gleichzeitig versinkt, schlagen lautlos an den Strand.

Sie greift wieder in die Tüte.

Und hat wieder ein Reptil aus Perlen in der Hand.

Ein noch kleineres. Ein ganz kleines.

Meine Freundin rückt die Echse, die ich bin, und die Echse, die sie ist, ganz nahe zusammen und stellt die kleine Echse dazu. Und sagt nichts.

Da habe ich endlich etwas geahnt.

Ich gebe zu, das klingt, als hätte ich eine verdammt lange Leitung. Das ist an diesem Abend auch so. Aber Begriffsstutzigkeit ist nicht immer ein Zeichen von Dummheit. Andere Männer haben es mir später bestätigt: Egal, ob es dir mit klaren Worten gesagt wird oder entgegengeschrien; egal, ob dir ein angepinkeltes, verfärbtes Stäbchen unter die Nase gehalten wird oder die Düsseldorfer Tabelle; egal, ob du dabei das glücklichste Lächeln der Welt geschenkt bekommst oder drei Echsen aus Zulu-Perlen: Die Information, dass man Vater wird, braucht eine gewisse Zeit, bis sie ins männliche Bewusstsein gesickert ist.

Das ist nicht zufällig so. Um eine weitere Männer-Metapher anzuwenden: Die Mitteilung, dass man Vater wird, ist wie eine E-Mail, an der ein sehr großes Attachment hängt. Alle Programme, die gerade laufen, und alle, die auf der Festplatte warten, müssen sich diesem Attachment anpassen. Die komplette Software muss umgeschrieben werden. Und sogar die Hardware wird vielleicht umgebaut. So etwas runterzuladen dauert eben – sogar mit DSL.

Wobei ich wohl nur eine analoge Leitung habe an diesem Abend. Vielleicht auch kein Wunder: Gerade saßen wir noch in einer Bar am Kap der Guten Hoffnung und wollten Pläne schmieden, ob unsere nächste gemeinsame Expedition nach Indien oder nach Lateinamerika führt. Jetzt sind wir selber guter Hoffnung, und uns wird unter anderem klar, dass wir die nächste gemeinsame Fernreise verschieben müssen: um zehn bis fünfzehn Jahre. Es gibt wahrscheinlich wenige kinderfreundliche Hotels in Indien. Und selbst wenn das Kind hochbegabt wird, dürfte es eine Weile dauern, bis es Fotos machen kann oder aus dem Reiseführer Lateinamerika vorliest.

«Ich habe einmal in den Anden zwei Rucksacktouristen getroffen, die für ihren Fünfjährigen einen Esel gemietet hatten», spricht meine Freundin mehr zu sich selbst.

«Und?»

«Der Esel war störrisch, die beiden mussten ihn die Berge raufschieben. Und er hatte Flöhe. Sahen aber echt süß aus, die drei mit ihrem Esel.»

Um die peinliche Gesprächspause zu überbrücken, bestelle ich noch einen zweiten Doppelten. Meine Freundin nimmt auch noch einen Drink. Caipirinha, alkoholfrei. Alkoholfreier Caipirinha? Das fällt mir erst jetzt auf. Nur Wissende sehen.

Ich bin nicht der erste Mann, der in einer Bar am Ende der Welt von einer Schwangerschaft überrascht wird. Aber sollte Familie nicht eigentlich anders funktionieren? Verantwortliche Paare sprechen miteinander, bevor sie sich fortpflanzen. Sie betreiben Familien*planung*. Und wir? Wir hatten auch über Kinder gesprochen. Selbstverständlich. Schließlich waren wir damals fast dreißig und schon ein paar Jahre zusammen. Da stellt sich die Kinderfrage. Und unsere Antwort war eindeutig und klar: Im Prinzip ja.

Weiter waren wir allerdings noch nicht gekommen: Wann, wo, wie haben wir nie gefragt. Es gab immer etwas Dringenderes, worüber wir uns unterhielten. Im Prinzip ja: Das war uns immer als ausreichende Antwort erschienen. Nachdem wir viele Eltern kennengelernt haben, weiß ich, dass es auch anders geht. Die meisten Paare in Deutschland wollen nur ein Kind, wenn vorher: erstens der Vater eine Festanstellung hat; zweitens die Mutter eine Festanstellung hat; drittens das Häuschen im Grünen bezogen ist; viertens das Kinderzimmer darin fertig eingerichtet ist; fünftens die angesagte Waldorf-Kita garantiert in zwei Jahren einen Platz frei hat; sechstens die Großeltern in den Vorruhestand eingetreten sind. Und, siebtens, das schwedische Au-pair-Mädchen schon auf gepackten Koffern sitzt.

Vielleicht sollte gerade ich nicht über genaue Planung spotten. Von meinem Kind wussten immerhin drei Zulu-Echsen eher als ich. Sind meine Freundin und ich darauf vorbereitet, Eltern zu werden? Wir haben erstens keine zwei Festanstellungen, sondern nur eine, die zweitens bezahlt wird wie eine halbe. Drittens wohnen wir in Berlin-Neukölln. Viertens haben wir selbst unsere Zimmer noch nicht fertig eingerichtet. Fünftens wissen wir nicht einmal, wo die nächste staatliche Kita liegt. Sechstens haben wir Eltern, die a) noch zehn Jahre vom Ruhestand entfernt sind und b)

500 Kilometer von uns entfernt leben. Und siebtens hegen wir ernste Zweifel, ob einer unserer Freunde zum Babysitter taugt.

Nein, so sicher wir uns sind, dass wir prinzipiell Kinder wollen, so sicher ist auch, dass wir praktisch auf Kinder überhaupt nicht vorbereitet waren. An diesem Abend in der Bar, eine halbe Stunde vor Kapstadt, hätten wir eher ein qualifiziertes Gespräch über die traditionelle Bauweise der Ovambo-Kraals in der Transkei führen können als darüber, wie es ist, ein Kind in Deutschland aufzuziehen.

Auch wenn wir unsere Elternschaft nicht vorausgeplant haben: Um das Rechnen kommen wir nicht herum. Eltern, die planen, rechnen vorher einen günstigen Termin aus. Eltern, die nicht planen, rechnen anschließend. Die Tage, an denen meine Freundin schon auf ihre Tage wartete, geben einen Hinweis. Aber nur einen vagen. Ist es also in Durban passiert? Wo wir die Surfer am Indischen Ozean fotografiert haben – tagsüber? Oder doch eher in Coffee Bay, dem abgelegenen Fischerdorf in der Transkei? Oder erst in Port Elizabeth? Wir kommen schließlich überein, dass es in Coffee Bay passiert sein muss: in einer afrikanischen Rundhütte ohne Strom unter den Sternbildern der Südhalbkugel. Das klingt doch wunderbar romantisch – wenn man die vielen Moskitos weglässt.

Nachdem wir uns darauf geeinigt haben, wann die entscheidende Nacht war, blicken wir wieder in die Zukunft: Wir wissen nicht, was kommt. Und beschließen an diesem Abend: Alles wird wunderbar.

An dieser Stelle würde ich gerne schreiben, dass seitdem tatsächlich alles gut wurde und ich mich von diesem Augenblick an nur noch auf das Kind gefreut habe. Das stimmt sogar – bis zum nächsten Tag. Schon auf dem Weg zum Flughafen bin ich melancholisch. In der Maschine schaue ich konzentriert aus dem Fenster und präge mir alles ein. Es könnte für lange Zeit mein letzter Start von einem Flughafen in einer interessanten Stadt sein.

Um dieses Männer-Gefühl in einer Frauen-Metapher ausdrücken: Ich fühle mich wie eine Zuschauerin in genau dem Moment, als Pro 7 nach der letzten Folge der letzten Staffel von *Sex and the City* den Trailer von *Desperate Housewives* gezeigt hat.

Aber, meine Damen, ich schäme mich nicht dafür, dass die Vorstellung, bald ein Kind zu haben, bei mir neben Freude auch andere Emotionen auslöst. Das geht nämlich nicht nur Männern so. Eine von den Frauen, die ähnlich fühlt, sitzt im Flugzeug neben mir: Unser Kind wächst in ihrem Bauch. Sie ist glücklich wie nie zuvor. Aber trotzdem ist da noch ausreichend Platz für Zweifel. Wir brauchen ungefähr bis zum Äquator, bis wir darüber sprechen:

«Ich bin ja prinzipiell dafür, wie du weißt», sage ich.

«Ja?»

«Aber ich hätte es konkret auch gern mitentschieden.»

«Ja, das verstehe ich gut. Ich nämlich auch.»

«Ich meine: Du hättest ja aufpassen können.»

«Ja, du aber auch.»

Ich bin ziemlich sicher, viele Paare reden so. Oder die Partner denken wenigstens so. Natürlich sind nicht alle werdenden Eltern traurig, weil sie das Reisen drangeben müssen. Es können auch durchtanzte Wochenenden sein. Oder lange Ausritte. Oder die Hoffnung auf eine schnelle Karriere. Irgendwas muss jeder einschränken, wenn das Kind kommt. Wer das Gefühl nicht kennt, muss vorher ein verdammt langweiliges Leben gehabt haben.

Das Gute an dieser Verlustmelancholie ist, dass sie schnell verfliegt. Spätestens dann, wenn man erfährt, was andere gemacht haben – unmittelbar bevor sie Kinder bekamen. Zum

Beispiel die eigenen Eltern. Das kam raus, als wir wieder zu Hause waren und von unserem Souvenir aus der Kaffeebucht berichteten.

Zeugungsgeschichten gehören zu den wenigen Geschichten, die interessant sind, selbst wenn das Wesentliche weggelassen wird. Meine Eltern erzählen von einem von der Außenwelt abgeschnittenen Blockhaus an einem Fjord. Wochen vor und nach meiner Zeugung aßen sie nur frischgefangenen Fisch, weil Fleisch im norwegischen Supermarkt so teuer war.

Und die Mutter meiner Freundin berichtet von einer kleinen Pension auf Rügen an der Ostsee, deren Wirte es irgendwie geschafft hatten, dass ihr Familienunternehmen immer noch nicht verstaatlicht war. Sind das etwa keine Abenteuer? Vom Ruhrgebiet in einem alten VW Käfer 1975 bis nach Norwegen zu kommen geht eigentlich auch als Fernreise durch. Und es von Sachsen 1974 ohne organisierten Platz im FDGB-Heim bis auf Rügen zu schaffen, schon gar.

In unserer Familie gilt wirklich: Reisen macht Kinder. Seit ich das meiner Schwester erzählt habe, ist sie im Urlaub immer besonders vorsichtig.

Verdammt entspannter Beginn

Bitte lesen Sie dieses Kapitel nicht einfach nur so, während Sie einen Wein genießen oder nebenbei fernsehen. Nehmen Sie sich Zeit für diesen Text. Lesen Sie langsam. Nehmen Sie ihn bewusst wahr – Wort für Wort. Entspannen Sie Ihren Geist und lassen Sie Ihren Körper die Lesearbeit in seinem natürlichen Rhythmus verrichten:

Ihre Augen gehen langsam von links nach rechts.

Am Ende der Zeile gehen Sie sanft nur ein kleines Stück nach unten und beginnen wieder links.

Bei jedem Satzzeichen schenken Sie sich selbst eine Pause.

Und atmen.

Ein Satz.

Atmen.

Ein Satz.

Atmen.

Na? Eingeschlafen? Dann sind Sie noch nicht bereit, eine Familie zu gründen. Denn Familiengründung beginnt im Geburtsvorbereitungskurs. Und der beginnt mit Entspannungsübungen. «Wir werden richtig lernen, uns besser zu entspannen», sagt die Kursleiterin in einem alternativen Geburtshaus: «Das könnt ihr auch später als Familie sinnvoll anwenden: Gutes Entspannen!»

Das ist doch mal ein Versprechen: Entspannung! Damit habe ich bei einem Kurs, in dem eine Geburt trainiert wird, eigentlich nicht gerechnet. Ich dachte, es gehe im Gegenteil um das richtige Anspannen, ja sogar um Pressen. Aber so weit sind wir noch nicht.

Wir setzen uns bequem in den Schneider- oder Lotussitz, schließen die Augen und atmen. Bisher kein Problem. Aus einem CD-Player kommen die traditionellen keltischen Gesänge der Wale beim Besteigen tibetischer Berge. Na ja, warum nicht? Aber jetzt wird es schwierig:

«Wir folgen unserem Atem. Und jetzt schauen wir nach, ob unsere Stirn schon entspannt ist. Und jetzt unsere Nasennebenhöhlen. Unser Mund. Unser Rachenraum.»

Bei meiner Stirn war ich mir nicht ganz sicher, und in meiner Nebenhöhle habe ich etwas Hässliches entdeckt, aber jetzt ist keine Zeit zu fragen, denn: «Wir sind jetzt schon im Beckenbereich. Und atmen. Und mit einer ganz kleinen Taschenlampe reisen wir jetzt über unser Schambein.»

Ich finde mit einer ganz kleinen Taschenlampe über mein Schambein zu reisen eher anstrengend. Aber bei der Entspannung gibt es keinen Königsweg. Es gibt Leute, die machen sich ein Bier auf und gucken Sportschau. Andere joggen nach der Arbeit oder stemmen Hanteln, bis sie nicht mehr können. Das muss jeder selbst wissen. Warum also nicht mit der kleinen Taschenlampe über das Schambein reisen?

«So, jetzt haben wir alle unsere Körperteile von innen erkundet. Und jetzt halten wir noch einmal inne, atmen und schauen in unser Inneres und spüren einmal nach, was dort ist.»

Was dort ist? Bei den weiblichen Kursmitgliedern sieht man recht deutlich, was in ihnen drin ist. Aber das ist nicht gemeint. Was ist in uns? Was sollen wir zu Walgesängen und Atemübungen in uns entdecken? Eine Seele? Gott? Die Urmutter?

Ich glaube, in mir ist nichts. Aber die anderen scheinen etwas gefunden zu haben. Heimlich öffne ich die Augen und schaue mich um: Alle lächeln selig mit geschlossenen Augen. Außer einem Dicken, der eingenickt ist. Ich versuche es noch einmal: Augen zu, kleine innere Taschenlampe an und gesucht – da muss doch was sein, verdammt nochmal! Bin ich denn so ein unsensibler Sack? Kann ich mich denn gar nicht fallenlassen?

Um mir nicht ganz so schäbig vorzukommen, besinne ich mich auf ein Gedicht von Robert Gernhardt, der ja eigentlich immer einen eher entspannten Eindruck macht:

«Ich horche in mich rein
In mir muss doch was sein
Ich hör nur ‹Gacks› und ‹Gicks›
In mir, da ist wohl nix.»

Ich bin also schon beim Entspannen durchgefallen. Und – das kann ich jetzt schon verraten – auch beim wechselnden Anziehen und Lockerlassen meines Beckenbodens und beim Dem-Kind-Entgegen-Atmen habe ich eine schlechte Figur gemacht. Nein, Geburtsvorbereitung ist kein Spaß.

Schon die Wahl des Kurses ist eine Qual. Vorbei die Zeiten, in denen werdende Eltern einfach zwei Abende im nächstgelegenen Krankenhaus einer Hebamme zuhörten. «Pressen lernen» ist schon lange nicht mehr «Pressen lernen». Vielmehr gibt es heute ein beinahe unüberschaubares Angebot. In Elternkreisen wird heiß gestritten, welche «GV» gerade nur angesagt oder wirklich gut ist. (Liebe Eltern, Sie denken bei der Abkürzung GV noch an etwas anderes? Das wird sich bald ändern!)

Hier eine kleine Auswahl von Kursen, die Angehörige unseres weiteren Bekanntenkreises tatsächlich besucht haben: Schwangeren-Yoga; Schwangeren-Shiatsu; Schwangeren-Bauchtanz («Damit sich der Beckenboden lockert»);

Schwangeren-Gymnastik, die nicht zu verwechseln ist mit Schwangeren-Gymnastik nach Dr. Read oder Schwangeren-Wassergymnastik, was etwas anderes ist als Schwangeren-Schwimmen und wieder etwas anderes als Abtauchübungen im Wasser für werdende Mütter und Väter; Körperselbsterfahrungsgruppen; Elternschule; Kurse für Schwangerschaftsmassage; Geburtsvorbereitung mit meditativem Tanz; Psychosomatische Geburtsvorbereitung.

Alle Kurse werden in drei Varianten angeboten: mit Männern, ohne Männer, halb mit Männern (dann kommen die Männer immer erst in der zweiten Stunde jeder Sitzung hinzu). Tatsächlich gibt es auch schon Kurse nur für Männer. Allerdings kenne ich niemanden, der einen solchen besucht hat.

Sie haben sich noch gar keine Gedanken gemacht, ob Sie überhaupt einen Geburtsvorbereitungskurs besuchen wollen? Brauchen Sie auch nicht. In dieser Frage ist Entscheidungsfreiheit Illusion. Sie müssen. Früher musste man heiraten, bevor die Kinder kamen. Heute muss man zur Geburtsvorbereitung. Der Kurs gehört zur modernen Familienwerdung dazu wie der Advent zu Weihnachten. Na ja, vielleicht eher wie Karfreitag zu Ostern. Dennoch ist er für werdende Eltern völlig unvermeidlich.

Wenn überhaupt darf nur die Frau darauf verzichten. Werdende Mütter, die dem Bibelwort «Du sollst unter Schmerzen gebären» folgen wollen, treffen eine harte, aber gesellschaftlich durchaus akzeptierte Entscheidung. Männer hingegen, die sich dem Geburtsvorbereitungskurs verweigern, tragen heute ein Stigma der Asozialität: Sie lassen ihre Partnerin schon vor der Geburt im Stich! Sie vernachlässigen ihr Kind, schon bevor es geboren ist! Als Mann nicht zum GV-Kurs mitzukommen gilt unter modernen Eltern als ungefähr so anstößig, wie die Mutter mit der Babysitterin zu betrügen, die Alimente zu prellen und das Kind auf dem Spielplatz zu vergessen.

Spricht außer der Vermeidung sozialer Isolation noch etwas dafür, als Mann einen Geburtsvorbereitungskurs zu besuchen? Bei der Vorstellungsrunde unseres GV-Kurses sind die folgenden drei Argumente zu hören: Erstens, dann weiß man, was auf einen zukommt. Zweitens, dann ist die Partnerin mit dem Gebären nicht alleingelassen. Drittens, es ist auch für den werdenden Vater angenehm, sich als aktiver Teil der Geburt zu erfahren.

Klingt gut. Ist aber völliger Quatsch. Denn erstens, niemand, der zum ersten Mal eine Geburt miterlebt, weiß auch nur im Mindesten, was auf ihn zukommt. Ganz egal, ob er einen oder zehn Vorbereitungskurse absolviert hat. Zweitens gebiert jede Frau ganz allein. Egal, wie finster entschlossen ihr Mann ist mitzutun. Drittens, werdende Väter erfahren sich bei Geburten tatsächlich selbst. Und zwar als völlig ohnmächtig.

Diese Ohnmacht ist unvermeidbar. Allerdings können Männer sie in zwei Varianten kennenlernen: «O Gott! Und ich kann gar nichts tun!» Oder: «O Gott! Und ich kann gar nichts tun! Wäre ich doch bloß zum Geburtsvorbereitungskurs mitgegangen!» Die zweite Variante ist schwerer zu ertragen. Noch schwerer. Deshalb empfehle ich allen werdenden Vätern dringend den Besuch von Geburtsvorbereitungskursen – im völligen Bewusstsein ihrer Nutzlosigkeit. Der eigentliche Sinn, als Mann einen solchen Kurs zu besuchen, liegt allein darin, sich später nicht vorwerfen zu müssen, es nicht getan zu haben.

Jeder Mann sollte lernen, wann man gegen den Schmerz atmet und wie mit der Wehe. Jeder Mann sollte ein Gefühl für seinen Beckenboden entwickeln und herausfinden, welchen Vokal er ausstoßen muss, um sich «unten ganz offen» zu fühlen. Ob er das dann bei der Geburt anwendet oder doch lieber leise tausend Ave Maria betet oder auf Holz klopft, bis die Knöchel bluten – das kann er, wenn es so weit ist, spontan entscheiden.

Eine Gefahr birgt der Kurs jedoch: Die Vorbereitung auf eine Geburt lässt einige Männer annehmen, sie hätten mit der Geburt tatsächlich etwas zu tun. Diese völlig irrige Vorstellung befällt vor allem sogenannte neue Männer aus dem fortschrittlich-emanzipativen Milieu und hat schlimme Nebenwirkungen: Diese Männer klagen plötzlich ihr Recht auf Mitbestimmung ein. Ein Universitätsdozent aus unserem Bekanntenkreis bestand gegenüber seiner Partnerin darauf, dass sie das Kind nicht in einem dieser «kalten weißen Krankenhäuser» zur Welt bringe, sondern in einem Geburtshaus, in dem Wände und Decken in warmem Ocker gehalten seien. Dort fühle er sich einfach geborgener.

In unserem Kurs, in dem sich alle am Anfang entspannen, kommt es wenig später beinahe zu handgreiflichen Auseinandersetzungen. Die Kursleiterin erklärt die verschiedenen Methoden, unerträgliche Schmerzen bei der Geburt mit Betäubungsmitteln zu bekämpfen. Ein Mittdreißiger mit Halbglatze, dessen Arme zärtlich auf dem gewölbten Bauch seiner Freundin liegen, die kaum älter als Anfang zwanzig ist, kommentiert alle Schmerzmittel, die vorgestellt werden. Homöopathie und Bachblüten? Lässt er noch durchgehen. Akupunktur? Da verzieht er schon einen Mundwinkel. Krampflösende Zäpfchen? «Sind bei guter Vorbereitung nicht nötig». Opiate? «Haben ganz schlimme Nebenwirkungen».

Als die Kursleiterin schließlich die Teilnarkose PDA (Periduralanästhesie) vorstellt, unterbricht er sie: «Also wir haben uns als Paar jetzt schon dagegen entschieden. Wir wollen die Schmerzen notfalls aushalten.»

Nach diesem Satz können einige Kursteilnehmerinnen kaum noch von ihren Partnern abgehalten werden, dem mitfühlenden Mann auf der Stelle Schmerzen zuzufügen.

Das bleibt die einzige Meinungsverschiedenheit in unserem Kurs. Nach einigen Sitzungen frage ich mich, ob diese Harmonie schon etwas mit Familie zu tun hat: Alle hier denken das Gleiche und bestätigen einander dauernd, wie richtig man doch in Sachen Vorsorge, Krankenhaus, Elternzeit u. Ä. entschieden habe. Vielleicht sind sich alle hier einfach nur ziemlich ähnlich. Vorher dachte ich, elementare Erlebnisse wie Schwangerschaft, Geburt und Windeleimer rausbringen sind so universal menschlich, dass man als junge Eltern mit Leuten aus allen Ländern und Schichten in Kontakt kommt.

In Wirklichkeit wirft einen nichts so sehr auf das eigene Milieu zurück wie die Familiengründung. Die Menschen, mit denen wir gerade mit der inneren Taschenlampe übers Schambein gereist sind und bald über Muttermünder, Dammrisse und Kaiserschnitte reden werden, sind die, mit denen wir vor kurzem noch studierten und heute arbeiten, Sport machen oder Bier trinken. Andere sind prekär Beschäftigte, die sich als Freiberufler vorstellen. Ein oder zwei Männer haben es als Architekt und Berater tatsächlich zu dem Status gebracht, den ihre Eltern immer erhofft haben. Die hier Versammelten werden in ihrem Bekanntenkreis als junge Eltern gelten – und überall sonst auf der Welt als sehr alte.

Vielleicht erklärt dies die Leidenschaft, mit der sich unsere Generation in die Kurse und in alle anderen Aspekte der Geburtsvorbereitung stürzt. Wir Spätgebärenden schauen uns die Kreißsäle von drei bis sechs Krankenhäusern an, bevor wir entscheiden, wo unser Kind zur Welt kommen soll. Wir kennen die lateinischen Namen aller Medikamente, die bei einer Geburt zum Einsatz kommen können – und ihre Nebenwirkungen. Wir wissen mehr über Plazenta, Geburtskanal und Austreibungsphase als manche Medizinstudenten. Wir machen uns sogar Gedanken, welches der richtige Umgang mit der Nachgeburt ist!

Woher kommt die Akribie, mit der wir Wissen über den Geburtsvorgang zusammentragen? Woher das Bedürfnis, jedes Detail vorzuplanen und kontrollieren zu können? Es liegt wohl daran, dass uns in der kinderarmen Gesellschaft auch der Vorgang der Geburt als selbstverständliches Ereignis verloren gegangen ist. Frühere Generationen waren da viel entspannter – auch was die GV-Kurse angeht. Noch unsere Eltern sprachen spöttisch von «Hechelkursen». Die Frauen absolvierten sie wie eine Pflichtübung oft mit ironischer Distanz. Noch eine Generation davor hätten werdende Mütter und Väter nicht einmal gelacht: Schamgefühle hätten solche Übungen oder auch nur das gemeinsame Sprechen über die durchaus intimen Vorgänge bei einer Geburt unmöglich gemacht.

Meiner Oma musste ich wieder und wieder erklären, was in unserem Kurs geschieht.

«Ihr atmet da gemeinsam?»

«Ja, Oma. Gegen den Wehenschmerz.»

«Aber die Wehen haben doch noch nicht eingesetzt, oder?»

«Nein, Oma. Wir üben das.»

«Und die Männer üben auch Atmen gegen den Schmerz von Wehen, die noch nicht eingesetzt haben?»

«Ja, Oma.»

Auch nachdem ich die Geburt ihres Urenkels miterlebt habe, sieht meine Oma nicht ein, was Männer in Vorbereitungskursen verloren haben. Bei Geburten selbst ist sie übrigens nicht so streng. Als sie gebar, war ihr Mann nämlich auch dabei – ganz ohne Vorbereitung. In einem Krankenhaus war meine Oma nicht, denn 1946 stand kaum noch eins in ihrer Heimatstadt im Ruhrgebiet. Deshalb hat mein Opa zu Hause ein Pfund Kaffee aufgebrüht, das damals schwer aufzutreiben war. Ein altes Hausmittel: In Kaffee getauchte Tücher werden über die weibliche Scham gelegt, damit sie sich besser dehnt. Die Geburt meines Vaters ging nach Auskunft meiner Oma jedoch so schnell, dass die Kaffee-Tücher gar keine Anwendung fanden. Den schon gebrühten Kaffee hat nach der Geburt die Hebamme ausgetrunken. Vor lauter Glück über seinen Erstgeborenen hat mein Opa dies nicht verhindert. Der teure Kaffee war alle, als meine Oma danach fragte. Seitdem ist sie sich sicher, dass Männer bei Geburten zu wirklich gar nichts taugen.

Ich bin nicht ihrer Meinung. Es gibt sehr wohl Dinge, die Männer bei einer Geburt unter Umständen tatsächlich sinnvoll tun können. Genau zwei. Erstens: Der Frau die Hand halten, bis das Kind kommt. Zweitens: Das Kind halten, wenn es da ist. Meine Freundin wollte mich bei der Geburt unbedingt dabeihaben, weil sie in extremen Situationen gerne die Nähe ihrer Lieben spürt. Nachdem die Geburt vorbei war, nähten die Ärztinnen alles wieder zusammen. In dieser Dreiviertelstunde hielt ich meinen Sohn. Natürlich hätte ihn auch eine Hebamme halten können. Aber das hätte er vielleicht nicht so schön gefunden. Und ich ganz sicher nicht.

Mord und Ratschlag

Es fängt ganz langsam an. Zuerst fällt es gar nicht weiter auf. Aber die Wirkung ist gewaltig. In der Schwangerschaft verändert sich das soziale Umfeld – unmerklich, aber radikal. Es ist nicht so, dass wir nicht mehr angerufen werden oder dass sich niemand mit uns verabredet. Nein, wir haben immer noch die gleichen Freunde und Bekannten. Nur eins ist anders: Sie gehen uns plötzlich furchtbar auf die Nerven!

Die Freunde. Die Kollegen. Die Nachbarn sowieso. Die Geschwister auch. Ja, selbst unsere Eltern. Alle, wirklich alle.

Als wir nach viereinhalb Monaten eine Halbzeitbilanz der Schwangerschaft ziehen, stellen wir fest, dass meine Freundin beweglich und unternehmungslustig ist wie eh und je. Dennoch gehen wir kaum noch raus. Wir sind ziemlich häuslich geworden. Vielleicht sogar ein bisschen arg häuslich. Neulich hat einer von uns doch tatsächlich den Begriff «gemütlicher Fernsehabend» in den Mund genommen. Kurz: Wir werden spießig. Woran liegt's?

«Vielleicht nimmt unser Unterbewusstsein die Fesseln der Kleinfamilie vorweg», analysiere ich küchenpsychologisch: «Weil wir bald nicht mehr so viel Zeit für Sozialkontakte haben, reden wir uns jetzt schon ein, wir brauchen überhaupt keine anderen Menschen außer uns zweien, äh, dreien.»

«Quatsch», sagt meine Freundin dazu: «Wenn ich tagelang nur mit dir zusammen bin, gehst du mir eigentlich immer noch auf den Keks.»

Das ist beruhigend. Es liegt nicht an uns. Also kommen nur noch die anderen in Frage. Und tatsächlich: So ist es. Wir schauen uns unseren Bekanntenkreis im Einzelnen an und stellen erstaunt fest: Vorher hatten wir Kollegen, mit denen wir die Arbeit besprachen. Jetzt haben wir Kollegen, die uns im Büro Ratschläge und Ermunterungen für das Familienglück geben. Vorher hatten wir beste Freunde, mit denen wir über den nächsten Urlaub sprachen. Jetzt haben wir beste Freunde, die uns beim Rotwein unbedingt noch Ratschläge und Ermunterungen für das Familienglück erteilen müssen. Vorher hatten wir Nachbarn, die mit uns über die Interpretation der Hausordnung stritten. Jetzt haben wir Nachbarn, die uns im Flur Ratschläge und Ermunterungen für das Familienglück geben. Vorher wurde ich nach meinem wöchentlichen Kick wegen angeblich maßloser Zweikampfhärte beschimpft, jetzt bekomme ich in der Kabine Ratschläge und Ermunterungen für – aufmerksame Leser ahnen es bereits – das Familienglück.

Nicht alle gehen gleich skrupellos vor: Nach ein paar Wochen Erfahrung teilen wir unsere Mitmenschen grob in zwei Kategorien ein: «Ratschläger» und «consultants». Während die «Ratschläger» mit ihrer Weisheit wie mit einer Keule auf uns einprügeln, kleiden die «consultants» offensichtlichen Unfug in schöne Fremdwörter – wie Unternehmensberater.

Unglaublich, was einem in neun Monaten alles so geraten wird! Am Anfang erzählen wir uns gegenseitig lachend die schlimmsten wohlwollenden Hinweise und Andeutungen. Aber als wir beginnen, uns damit gegenseitig auf die Nerven zu fallen, erklären wir unsere Wohnung zur ratschlagfreien Zone. Das ist aber auch nicht gut, denn wer den ganzen Tag beraten wird, verspürt ein großes Bedürfnis, zumindest einige Ratschläge vor dem Schlafengehen wieder loszuwerden.

Wir legen schließlich ein eigenes Notizbuch an, in dem wir alles verzeichnen. Jeden Abend notieren wir beide getrennt voneinander die Ratschläge, welche unsere Freunde und der Rest der Welt auf uns ergießen. Dieses Buch haben wir bis heute nicht mehr aufgeschlagen. Bis heute. Denn jetzt wird zurückberaten. Hier sind die schönsten drei Ratschläge in sieben Kategorien für Vater, Mutter, Kind und alles, was dazugehört.

Die schönsten Ratschläge:
Kategorie 1) Vaterschaft

Platz 3: *«Sie ist schwanger? Sehr schön. Aber macht bloß nicht den Fehler, jetzt nur aus Pflichtgefühl zu heiraten.»* (Unverheiratete Kollegin, zwei Kinder)

Platz 2: *«Sie ist schwanger? Herzlichen Glückwunsch. Aber ihr müsst jetzt sofort heiraten. Sonst kann sie dir immer das Kind wegnehmen.»* (Verschiedene Kollegen, alle verheiratet, mit Kindern)

Platz 1: *«Ihr bekommt ein Baby? Wie schön! Das wird deine Persönlichkeit verändern. Hoffentlich.»* (Weibliche Vorgesetzte, kinderlos)

Die schönsten Ratschläge:
Kategorie 2) Mutterschaft

Platz 3: *«Dieser Text überfordert dich in deinem Zustand? Ha, deine echte Überforderung kommt erst, wenn das Kind da ist, meine Liebe.»* (Kollegin, drei Kinder)

Platz 2: *«Das ist ja toll, Süße. Und du liegst voll im Trend. Jetzt, wo auch* Sex and the City *nicht mehr läuft.»* (Freundin, kein Kind)

Platz 1: *«Ein Kind? Das ist ja wunderbar! Hast du denn auch einen netten Mann dazu? Oder bist du immer noch mit deinem Freund zusammen?»* (Studienbekanntschaft, Kinderstatus unbekannt)

Die schönsten Ratschläge:
Kategorie 3) Elternschaft

Platz 3: *«Tja, Junge, wann ist es so weit? Das ist ja schon bald. Na, hoffentlich weißt du's: Dann ist erst mal Schluss mit lustig.»* (Kollege, ein Kind)

Platz 2: *«Ich freu mich ja so für euch. Das wird sooooooooooo witzig.»* (Kollegin, zwei Kinder)

Platz 1: *«Kinder sind das Glück der Erde.»* (Kollege, drei Kinder)

Die meisten Ratschläge sind unspektakulär, weil sie praktischer Natur sind: «Kauf dir den extragroßen Kinderwagen, dann kannst du viele Sachen drin verstauen.» Oder: «Kauf dir einen Kombi, dann kannst du den extragroßen Kinderwagen drin verstauen.» Oder: «Miete eine Garage, denn der große Kombi passt garantiert in keine Parklücke.» Bei Themen, die wirklich ans Eingemachte gehen, gibt es vordergründig noch eine strikte Geschlechtertrennung. Das klingt konservativ oder sogar reaktionär, hat sich aber in der Praxis bewährt. Männer, die sich so fortschrittlich und emphatisch begabt fühlen, dass sie Frauen Schwangerschaftsratschläge erteilen, sind selten. Allerdings haben meine Kolleginnen nicht nur mir Ratschläge erteilt, sondern auch gleich welche für meine Freundin mitgegeben. Es gilt also: Frauen raten Frauen und Männern. Männer raten nur Männern. Und das ist auch schon schlimm genug.

Die schönsten Ratschläge:
Kategorie 4) Männer raten Männern

Platz 3: «*Fang jetzt bloß nicht damit an, im Haushalt zu helfen. Die Aufgaben, die du jetzt übernimmst, wirst du nie wieder los.*» (BWLer mit wechselnden Freundinnen)

Platz 2: «*Jetzt verzeiht sie dir jeden Seitensprung. Du bist doch jetzt so eine Art Ernährer.*» (Anthropologe, zwei Kinder)

Platz 1: «*Bleib mal locker. So viel wird sich in deinem Leben nicht ändern. Von Montag bis Freitag gehst du arbeiten. Und Samstag ist doch Bundesliga. Und Sonntag, na gut, gehst du eben auf den Spielplatz.*» (Nachbar, vier Kinder)

Was Kinderkriegen angeht, scheint sich jeder für einen Experten zu halten. Leute, die selber Kinder haben, sowieso. Leute, die eine Schwester haben, die Kinder hat, auch. Oder einen Bruder, eine Cousine, eine Nachbarin oder eine Brieffreundin. Und wer überhaupt keine Elternexpertise nachweisen kann, der wähnt sich dennoch kompetent: Schließlich war jeder selbst einmal Kind. Egal, wie absurd: Jeder Ratschlag wird im Gefühl unangefochtener Autorität erteilt.

Mit dem Thema Kind ist es wie mit dem Thema Religion. Ungeachtet der enormen Anzahl von Kirchen und Sekten beansprucht auch noch die kleinste Glaubensgemeinschaft die Quelle der Erkenntnis exklusiv für sich. Dabei sind sich die vielen Ratgeber alles andere als einig: Die einen raten zur Hausgeburt, die zweiten zum Geburtshaus, die dritten zu einem bestimmten Krankenhaus, die vierten genau zu diesem nicht. In unserem Bekanntenkreis gibt es die Auffassungen, Kinder gehören so schnell wie möglich in die Kita, erst nach einem Jahr, erst nach eineinhalb, erst wenn sie drei sind oder am besten gar nicht. Dass wir uns die Elternzeit teilen wollen, finden unsere Bekannten vorbildlich, anstrengend, naiv oder verantwortungslos. Einige meinen, ein Geschwisterkind sollte möglichst bald folgen, andere raten, drei Jahre zu warten. Wieder andere empfehlen als Abstand zwischen zwei Kindern fünf Jahre oder sogar sieben.

Prinzipiell hört man als werdende Eltern alles – und immer auch das Gegenteil! Nur eines haben alle, wirklich alle Ratschläge gemeinsam: Sie werden im Ton höchster Dringlichkeit vorgetragen und dulden keinen Widerspruch. Schließlich geht es ja ums Kind. Das wird das wichtigste und gleichzeitig hilfloseste Wesen auf der ganzen Welt – wenn es endlich auf der Welt ist. Jedenfalls sind wir als Ersteltern völlig ahnungslose Komplettignoranten, die man wenigstens vor den gröbsten Fehler bewahren möchte.

Die schönsten Ratschläge:
Kategorie 5) Beziehungen

Platz 3: *«Ihr solltet unbedingt einen Geburtsvorbereitungskurs besuchen, der nicht kompakt an einem Wochenende, sondern an mehreren Abenden stattfindet. Dann könnt ihr nach dem Kurs noch mit den anderen Teilnehmern einen trinken gehen und neue Freunde kennenlernen. Und neue Freunde braucht ihr. Denn ihr werdet eure alten ja bald alle verlieren.»* (Freund, zwei Geburtsvorbereitungskurse)

Platz 2: *«Alter, die besten Frauen in Berlin gibt es auf den Spielplätzen in Prenzlauer Berg.»* (befreundeter Tagesvater)

Platz 1: *«Ihr werdet euch sehr schnell danach sehnen, einmal wieder Zeit für euch zu haben. Aber das geht vorbei. Bald sehnt ihr euch nicht mehr danach.»* (Freundin, geschieden)

Nachdem wir herausgefunden haben, was uns nervt, können wir es schnell abstellen. Denken wir. Im Büro verbitte ich mir also ausdrücklich alle Ratschläge und Ermunterungen und erkläre, dass Thema Kind beginne bei mir erst nach 17 Uhr. Das funktioniert – vier Tage lang. Dann sprechen mich die Kollegen doch wieder als werdenden Vater an. Genau wie vorher. Nur dass sie jetzt ihre Bemerkungen mit Nebensätzen einleiten wie: «Ich weiß ja, du kämpfst noch mit deiner neuen Rolle, aber du solltest unbedingt ...» Meine Freundin, die auf ihrer Arbeitsstelle ebenfalls das Thema Schwangerschaft zum Tabu erklärt, stößt auf ganz besonderes Verständnis: «Frauen in deinem Zustand sind ja so launisch. Das verstehe ich. Aber du solltest bedenken, dass ...»

Es ist unerträglich. Vielleicht hat die Art, wie unter Akademikern in Deutschland über und mit Eltern geredet wird, etwas damit zu tun, dass es in diesen Kreisen so wenige Eltern gibt. Dabei ist Elternschaft weder eine intellektuelle Herausforderung, noch braucht es dazu irgendwelche schwer zugänglichen Expertenkenntnisse oder jahrelange Erfahrung. Sondern lediglich Liebe. Deshalb kann eigentlich fast jeder ein Kind aufziehen: Aber wir machen daraus eine aussichtslose Mission.

Die schönsten Ratschläge:
Kategorie 6) Namen

Platz 3: *«Lange nachdenken ist ganz falsch. Beim Namen muss man einfach dem ersten Impuls folgen. Und wenn dein Junge dann Asamoah heißt, dann heißt er eben Asamoah.»* (Freund, der in einer Werbeagentur arbeitet)

Platz 2: *«Um Streit wegen des Namens zu vermeiden, gebt ihr ihm einfach alle Namen, die euch gefallen.»* (Eltern von Wanda Tabala Erika Luisa, 12)

Platz 1: *«Karl, Fritz und Emil sind jetzt wieder total in. Trendsetter wird man vielleicht noch mit Horst.»* (Vater vom einjährigen Jakob)

Irgendwann haben wir aufgegeben, dagegen anzukämpfen, dass jeder dauernd unser Bestes will. Einige Freunde, denen ich noch nichts von der Schwangerschaft erzählt habe, lasse ich auch jetzt bewusst weiter im Unklaren. Meine Freundin, die diese Möglichkeit ab dem fünften Monat naturgemäß nicht mehr hat, verabredet sich verstärkt zum Kino, fürs Konzert und in die Oper. Lauter Abende, bei denen nicht viel gesprochen wird.

Die Schwangerschaft geht nach neun Monaten zu Ende. Die Ratschläge nicht. Es ist absolut faszinierend, wie viele unterschiedliche Wege es zu geben scheint, ein Baby dazu zu bringen, dass es durchschläft. Zur richtigen ersten festen Nahrung gibt es mehr Theorien als zum Mord an Kennedy. Und es existieren deutlich mehr Vorstellungen über den einzig richtigen Zeitpunkt für eine Mutter abzustillen, als ein Jahr Tage hat.

Schon der erste Besuch zur Begutachtung des neuen Erdenbürgers bringt als Geschenk nicht nur Blumen für die Mutter (klassisch), Spielzeug für das Kind (meist verfrüht) und Schokolade für die erschöpften Eltern (optimal) mit, sondern auch Bücher. Ein unpassenderes Geschenk lässt sich für frische Eltern kaum denken (abgesehen von diesem Buch, selbstverständlich). Denn weder steht Vater und Mutter jetzt der Sinn nach Walser oder Handke, noch hat irgendjemand in der jungen Familie jetzt Zeit für den neuen Ken Follet. Aber meist bekommt man ja weder anspruchsvolle noch triviale Literatur, sondern das schlimmste aller möglichen Geschenke zur erfolgreichen Entbindung: Ratgeberliteratur. In unserem Regal steht unter anderem und ungelesen:

- «Babyjahre. Die frühkindliche Entwicklung aus biologischer Sicht»
- «Babys erstes Jahr. So bleibt ihr Kind gesund und munter»
- «Wenn Männer Babys kriegen. Die Hochs und Tiefs der bewegendsten neun Monate im Leben eines Papas»
- «Mensch, Papa! Vater werden – das letzte Abenteuer. Ein Mann erzählt»
- «Halt mal, Schatz. Alles über Planung, Kiellegung, Stapellauf und Betrieb eines Babys.»
- «Das Baby. Inbetriebnahme, Wartung und Instandhaltung.
- «Das Baby ist da! Wie Sie in den ersten 12 Monaten alles richtig machen»
- «Ihr neues Baby. Gebrauchsanweisung»
- «300 Fragen zum Baby»
- «Die ersten Wochen mit dem Baby.»
- «Das neue große Baby-Buch»

Diese Ratgeber sind nicht alle ganz schlecht. Glaube ich. Die mündlichen Ratschläge unserer Freunde sind ja auch nicht ganz schlecht. Wer mit werdenden Eltern bekannt ist oder ihnen sogar etwas schenken möchte, sollte aber bedenken: Wer Rat braucht, sucht ihn schon. Ob in der Buchhandlung oder im Gespräch. Bei ungefragten Tipps in Sachen Schwangerschaft und Kind sowie bei unbestellten Ratgebern gilt hingegen: Davon kann man wirklich nur abraten.

Die schönsten Ratschläge:
Kategorie 7) Fürchtet euch nicht!

Platz 3: *«In der DDR haben wir die Kinder sehr früh bekommen. Meine beiden Jungs sind jetzt schon groß. Toll, da habe ich noch ein bisschen Leben für mich übrig.»* (Tante, zwei erwachsene Kinder)

Platz 2: *«Eltern und Nichteltern sind mindestens so verschieden wie Frauen und Männer.»* (Freundin, kinderlos)

Platz 1: *«Auch dir wird nichts anderes mehr einfallen, als über Kinder zu schreiben.»* (Kollegin, besorgt)

Kleiner Versuch über die Schwangerschaft des Mannes

Über den Mann in der Schwangerschaft zu erzählen heißt, das vielleicht interessanteste Ereignis dieser Welt aus der Perspektive einer Randfigur zu betrachten. Als ob ein Sportreporter nach dem Endspiel der Fußballweltmeisterschaft nicht den Schützen des entscheidenden Tores interviewt, sondern den Balljungen nach seinen Eindrücken und Gefühlen befragt.

Aber der hat doch nur neben dem Spielfeld gestanden. Hat nur gebannt zugeschaut und vielleicht zwei- oder dreimal der Hauptperson den Ball zugeworfen.

Was kann der Balljunge schon sagen?

«Ich war dabei.»

Erster Monat

Den entscheidenden Moment verschlafe ich. Selbst meine Freundin bekommt ihn nicht mit: Den Zeitpunkt, an dem aus Ei und Spermium ein einzelliger Organismus wird. Kinder entstehen nämlich gar nicht beim Sex. Sondern Stunden später. Da schlafen die schon längst, die sich später einbilden werden: Wir haben ein Kind gemacht.

Vom ersten Monat der Schwangerschaft merke ich nichts.

Ich denke nur ständig darüber nach. Meine Freundin hat drei Zulu-Echsen zu Hilfe genommen, um mir den Gedanken näherzubringen, dass ich Vater werde. Mit dem Gedanken vertraut machen muss ich mich selbst. Das dauert eine

Weile. Es ist, als hätten sich alte Karrierepläne und Lebensentwürfe in einer harten Schicht angelagert, durch die sich der Gedanke bohren muss. Nach vierzehn Tagen ist der Gedanke durch. Darunter trifft er auf weichen Grund. Ich merke, wie sehr ich mich freue.

Auch meine Freundin merkt das sofort. Wir schlafen miteinander. Jetzt kann auch nichts mehr passieren, was nicht schon passiert ist. Und dann stoßen wir noch mit Sekt an.

«He, du darfst aber nur einen Schluck», sage ich: «Alkohol ist in der Schwangerschaft tabu!»

«Und du trinkst den Rest der Flasche allein, was?», fragt sie.

«Es hat Vorteile, ein Mann zu sein. Sogar in der Schwangerschaft.»

«Grund, dich zu besaufen, hast du ja.»

Die Euphorie hält ein paar Tage. Dann stürze ich mich in Vorbereitungen. Eine reine Übersprunghandlung, denn ich habe ja noch neun Monate Zeit, den Wickeltisch aufzubauen, einen Kindersitz auszusuchen und Einladungen zur Taufe drucken zu lassen.

Mein persönliches Gefühl sagt: Jetzt geht es los.

Das Gefühl trügt. Jetzt passiert erst einmal gar nichts.

Bis auf die Tatsache, dass sich im Bauch meiner Freundin eine einzige Zelle explosionsartig vermehrt und wie durch ein Wunder ein Köpfchen entsteht und Arm- und Beinknospen. Aber das habe ich mir nur angelesen. Davon merkt man leider nichts. Aber die Vorstellung ist auch schön.

Zweiter Monat

Im zweiten Monat beginnt das Herz des Fötus zu schlagen.

Oder nicht.

Wir fürchten diesen Moment. Denn als die beste Freundin meiner Freundin schwanger war, hat es überraschend nicht geschlagen. Die Ärztin sagte ihr, etwas stimme nicht, und zwei Wochen später wurde ihr im Krankenhaus eine Schwangerschaft entfernt, die nicht funktioniert hatte.

Sie hat zusätzlich darunter gelitten, dass sie die gute Nachricht schon bei Freunden und Kollegen verbreitet hatte und noch Monate später von entfernten Bekannten gefragt wurde, wann es denn so weit sei.

Übrigens haben Männer im zweiten Schwangerschaftsmonat ausnahmsweise eine wirklich wichtige Aufgabe. Genauer gesagt, zwei wichtige Aufgaben. Erstens: Die Klappe halten. Zweitens: Dafür sorgen, dass auch ihre Frau die Klappe hält.

Dritter Monat

Bei uns ist alles gut. Das neue Leben entsteht wirklich. Und ich mache noch eine nicht weniger erstaunliche Entdeckung: Das alte Leben geht sogar weiter. Noch ist meine Freundin weder dick noch launisch. Noch wissen nicht alle Freunde und Kollegen, was uns bevorsteht, noch ist nicht alles nur freudige Erwartung. Noch kann ich für Momente, Minuten und manchmal sogar ein paar Stunden vergessen, dass sich bald alles ändern wird.

Ein Freund hat mir damals geraten: Nutze diese Zeit! Sie ist ein letzter Aufschub. Stürze dich noch einmal richtig in Arbeit. Bringe zeitintensive Hobbys zu Ende. Verbringe noch einen schönen Abend mit deiner heimlichen Geliebten, bevor du ihr sagst, dass deine Freundin schwanger ist. Kurz: Nimm in aller Ruhe Abschied von deinem bisherigen Leben.

Auch die Zeit mit meiner Freundin genieße ich jetzt. Obwohl wir einfach nur essen gehen, Boule spielen, spazieren und ein bisschen durch die Gegend fahren: Nichts, was wir nicht schon seit Jahren täten. Aber jetzt ist alles etwas besonders geworden: Denn wir tun es zum letzten Mal zu zweit.

Am Ende des zweiten Monats atmen alle noch einmal durch. Sogar ein Freund, der versehentlich eine Frau geschwängert hat, von der er ganz bestimmt kein Kind wollte, erzählt von einem Gefühl der Entspannung zu diesem Zeitpunkt: Nach Wochen des Entsetzens und der Angst merkt er, dass sein Leben gar nicht in sich zusammengestürzt ist. Alles scheint so weiterzugehen wie bisher. Er sagt, es stellt sich ein Gefühl ein, dass so schlimm doch alles gar nicht sei. Er sagt aber auch: So fühlt ein Fensterputzer, der aus dem 20. Stock fällt und bei jedem Stockwerk, an dem er vorbeistürzt, sich mit den Worten beruhigt: «Bis jetzt ist es noch gutgegangen.»

Vierter Monat

Im dritten Monat muss ich mich entscheiden: Begleite ich meine Frau zum Gynäkologen oder nicht? Wer jetzt im Kopf spontan «Aber selbstverständlich!» gerufen hat, sollte noch einmal nachdenken. Es gibt eine Menge Gründe für Männer, ihre Frau nicht zum Gynäkologen zu begleiten. Die deutsche Sprache schließt als verlässliche Ratgeberin mit dem Begriff «Frauenarzt» Männer nicht zufällig schon terminologisch aus.

Ich malte mir in meiner Vorstellung die Praxis einer Frauenärztin aus, mit Arzthelferinnen und einem Wartezimmer voller Patientinnen, die an Frauenleiden laborieren und, bis sie aufgerufen werden, miteinander Frauengespräche führen oder in Frauenzeitschriften die Ratgeberinnenseiten lesen. In meiner Vorstellung kam ich mir dort als Mann wie ein Fremdkörper vor.

Ich bin trotzdem mitgegangen. Aus Neugier.

Außerdem hat meine Freundin gesagt: «Traust dich wohl nicht, was?»

Die Praxis hat meine Freundin ausgesucht, weil sie um

die Ecke liegt. Sie ist ganz anders, als ich sie mir vorgestellt habe. Die Frauenärztin stammt aus dem Iran, einige ihrer Arzthelferinnen tragen Kopftuch, und ob wirklich nur Frauen im Wartezimmer sitzen, kann ich nur vermuten: Einige sind im Schador. Sie tun nichts – nicht einmal Frauenzeitschriften lesen oder Frauengespräche führen. Im Wartezimmer hängen Fotos fremder Babys an der Wand und im Behandlungsraum schematische Zeichnungen der weiblichen Intimanatomie. In meinem Biobuch in der Schule haben sie nicht so bedrohlich gewirkt. Ich studiere die Vaginen, Eileiter, Gebärmütter und Eierstöcke genau, denn sonst stünde ich ziemlich dumm im Raum. Einen Stuhl gibt es hier für mich nämlich nicht.

Immerhin gibt es einen Ultraschall. Auf einem kleinen Monitor mit Grünstich können wir zuerst das Köpfchen unseres Kindes ausmachen und die Knospen, aus denen sich seine Hände und Füße entwickeln werden. Bei einem späteren Ultraschall wird das Kind schon im Mutterleib am Daumen lutschen. In Elternkreisen wird gern erzählt, es gebe zwischen Himmel und Erde nichts Wundervolleres als eben diesen Anblick. Dazu kann ich nur sagen: Ja, genauso ist es.

Das wissen auch die Ärzte. Und der medizinisch-industrielle Komplex in diesem Land wäre nicht der medizinisch-industrielle Komplex, hätte er daraus nicht ein Geschäft gemacht. Unsere Freunde Claudia und Carlos waren bei einer Frauenärztin, die in einem besseren Stadtviertel praktiziert. Nach einem Ultraschall in der zweiten Hälfte der Schwangerschaft nahm sie die beiden dezent zur Seite: Ob sie das nicht vielleicht noch schöner erleben wollten, fragte Frau Doktor vertraulich. Als unsere Freunde verständnislos schauten, fügte die Ärztin hinzu: «Haben Sie noch nie von der Doppler-Sonographie gehört?» Das sei ein spezieller, teurerer Ultraschall, der mit Schallfrequenzen weit über denen der gewöhnlichen Geräte arbeite. Beim Verdacht auf bestimmte Fehlbildungen des Fötus können sie Gewissheit liefern. Verdacht auf Fehlbildung sei zwar glücklicherweise bei den vorliegenden Ergebnissen nicht zu erkennen. Aber ob man nicht auf Nummer sicher gehen wolle. Und außerdem: Dann könne man das Kind im Bauch sogar dreidimensional sehen. «Und», fügte die Ärztin hinzu: «in Farbe!»

Carlos, der aus einem armen Land stammt, kann es immer noch nicht glauben: Die Praxis, die bei seiner Frau für 120 Euro eine Doppler-Sonographie durchführte, hatte keinen kleinen Monitor für die Eltern: Der Arzt projizierte das Bild vom Fötus per Beamer auf eine große Leinwand. «Babyfernsehen auf der Großbildleinwand», hat er gelacht, als er den Raum dafür verdunkelte, und gesagt: «Sie können die Aufnahmen für 20 Euro extra auch mitnehmen – auf DVD für zu Hause.»

Fünfter Monat

Jetzt beginnt die schönste Zeit der Schwangerschaft. Für meine Freundin. Die leichten, frühen Beschwerden sind abgeklungen, die letzten beruflichen Projekte laufen locker aus, und sie entwickelt einen größeren Appetit. Manchmal auch auf ihren Freund – das ist in dieser Schwangerschaftsphase gar nicht so selten.

Sie ist fit. Vielleicht so fit wie nie zuvor. Sie ist tagsüber auf der Arbeit und feiert in den Nächten. Allerdings hält ihre formidable Verfassung sie nicht davon ab, ihre Schwangerschaft ebenso exzessiv als Entschuldigung zu nutzen. Seit ich sie kenne, war sie noch nie irgendwo pünktlich – aber jetzt kommt sie selbstverständlich zu spät, weil sie «nicht mehr so schnell vorankommt». Meine Freundin hat immer Ausreden gefunden, warum sie nicht abspülen will – aber nie so eine gute wie: «Als Schwangere kann ich nicht so lange am Spülbecken stehen.» Sie ist jetzt hemmungslos zickig – denn «da kann ich nichts dafür, dass sind die Hormone». Sie bricht Streit vom Zaun, wann immer es ihr danach gelüstet, aber wenn ich streiten will, geht das gar nicht – «Willst du wirklich, dass ich mich in meinem Zustand aufrege?»

Fassen wir zusammen: Die werdende Mutter ist faul, gefräßig, unpünktlich, sinnlich und launisch. Kurz: Sie hat völlig zu sich selbst gefunden.

Und was mache ich neben diesem hemmungslos blühenden Weib? Ich ertrage es. Männer sind in modernen heterosexuellen Beziehungen strukturell in der Defensive. In der modernen heterosexuellen Beziehung mit einer Schwangeren wird daraus der verlorene Posten. Wer neben der Gebär-Göttin überleben will, kann sich nur an eine Taktik halten: nachgeben, nachgeben, nachgeben. Und wenn das alles nicht hilft? Wieder nachgeben. In der Schwangerschaft gilt: Tue der Frau ihren Willen und sei ihr zu Willen. Und tröste dich mit dem Gedanken: In wenigen Monaten werden nicht mehr ihre Bedürfnisse die Familie regieren, sondern jemand ganz anderes. Allerdings nicht du.

Manche Männer kommen schlecht damit zurecht, während der Schwangerschaft zu Hause mehr und mehr zum dienstbaren Geist degradiert zu werden. Das versuchen sie dann auf der Arbeit zu kompensieren. Im Büro wenden diese Männer alle Tricks an, unter denen sie zu Hause bei ihrer schwangeren Domina selbst leiden. Sie stilisieren sich zu Ko-Schwangeren und klagen Rücksicht und Bevorzugung ein. Die Ko-Schwangeren kommen jetzt jeden Tag zu spät zur Arbeit, «weil meine schwangere Frau mich die ganze Nacht wach gehalten hat». Sie lehnen Spätschichten und Sonntagsdienste und generell mühevolle Aufgaben ab, «weil ich im Moment ja wohl schon genug belastet bin». Bei Konflikten mit Kollegen ziehen sie gnadenlos die Baby-Karte: «Meine Nerven sind zurzeit so überreizt, ich kann diese Diskussion nicht ertragen.»

Ich habe das als Kollege mehrmals erlebt. Man glaubt es kaum, aber damit kommen Männer heutzutage tatsächlich durch. Eine Berufswelt, in der viele Menschen keine eigene Erfahrung mit Kindern und Kinderkriegen haben, ist erstaunlich moralisch erpressbar und lässt sich nicht nur von werdenden Müttern, sondern auch von werdenden Vätern einiges gefallen. Die soziale Rolle des zickigen männlichen Ko-Schwangeren bietet neben den oben beschriebenen Vorteilen allerdings auch einen Nachteil: Sie geht mit dem völligen Verlust der eigenen Würde einher.

Ich versuche, kein Jammerlappen zu werden. Weder auf der Arbeit noch zu Hause. Und wenn ich dort wieder einmal herumgescheucht werde, den Dreck wegmachen muss und ihre Launen ertrage, konzentriere ich mich einfach auf das Schöne.

Ich habe eine glückliche Freundin.

Und eine mit immer größeren Brüsten.

Sechster Monat

Leider sind ihre Brüste nicht das Einzige, was wächst. Auch ich werde immer dicker. Das liegt zum einen daran, dass ich vor lauter Hand- und Spanndiensten für meine schwangere Feudalherrin kaum noch an meine Hanteln oder zum Kicken komme. Zum anderen wird bei uns zu Hause jetzt auch sehr gut gekocht (und zwar von mir). Und sehr gut gegessen. Meine Freundin isst in der Schwangerschaft im Wortsinn für zwei. Und ich halte mit.

Klar wollte ich eigentlich schlank bleiben. Aber mein Unterbewusstsein nicht. Es fragt bei jeder Mahlzeit: «Warum noch maßhalten? Wem willst du denn in naher Zukunft mit einem Waschbrettbauch imponieren?» Mein Unterbewusstsein argumentiert: «Für deine Freundin zählen doch bald ganz andere männliche Qualitäten: Wie oft wickelt er? Wie viele Abende kümmert er sich um das Kind? Nimmt er Elternzeit?» Mein Unterbewusstsein steigert sich in Begeisterung und ruft aus: «Schluss mit der Eitelkeit!» Dann feuert mich mein Unterbewusstsein an: «Hau rein, bevor sie nichts mehr übrig lässt!»

So dick wie meine Freundin werde ich selbstverständlich nicht. Aber dafür wird sie ihren Bauch bald wieder los sein. Mit einem sogenannten «Rückbildungskurs» bringt sie sich sogar wieder in Prä-Schwangerschaftsform. Rückbildungskurse für Männer bieten selbst die fortschrittlichsten Geburtshäuser nicht an. Damit hadere ich – aber nur bis das Kind da ist. Dann enthüllt sich mir der tiefe Sinn des männlichen Schwangerschaftsbauches: Babys lieben alles Runde. Sie liegen gern auf Männerbäuchen. Denn alle kleinen Kinder wissen intuitiv, was nur erfahrene Frauen verstehen: Dort ist es besonders gemütlich.

Ich darf jetzt also viel essen – aber leider viel von immer weniger. Denn als guter Mit-Schwangerer esse ich nichts, was meiner Freundin in ihrem Zustand verboten ist. Und das ist eine ganze Menge! Lachs und Sushi, Salami und blutiges Steak, Schafskäse und Buttermilch – alles nicht gut für das ungeborene Leben. Wäre ich Raucher, müsste ich nach unserem allabendlichen Festmahl auf die Zigarette danach verzichten. Nur ein guter Schnaps, der muss schon drin sein. Und wenn sie zickt, dass sie keinen darf, tue ich ihr den Gefallen und trinke für sie noch einen mit. Meine Nerven haben das verdient. Und mein Magen auch.

Siebter Monat

Im siebten Monat geht die angenehme Phase der Schwangerschaft zu Ende. Jetzt wird der Bauch allmählich das Hindernis, das er angeblich schon seit Monaten ist. Die bange Vorstellung, bald eine Geburt ertragen zu müssen, lässt sich jetzt immer schwerer verdrängen. Meine Freundin zählt schon lange nicht mehr die Monate, sondern die Wochen. Ich komme dabei nicht ganz mit. Das geht vielen Männern so und ist weder ein Zeichen von Defiziten im Kopfrechnen noch eine Schande: Schwangerschaftsrechnen folgt nämlich einer ganz eigenen Algebra, deren Regeln sich von der Mathematik der restlichen Welt durchaus unterscheiden.

§ 1 Eine Schwangerschaft dauert neun Monate.

§ 2 Eine Schwangerschaft dauert von Befruchtung bis zum berechneten Termin der Geburt 40 Wochen.

§ 3 Neun Monate sind aber nur 36 Wochen.

§ 4 Außer bei Schwangerschaften.

Ganz so wichtig ist die Rechnerei sowieso nicht, denn Kinder scheren sich in der Regel nicht um den vorher errechneten Geburtstermin. Außer unser Sohn: «So weit wie der schon entwickelt ist, kommt er bestimmt fünf Wochen zu früh», hat uns die Ärztin in leichte Panik versetzt. Tatsächlich wird er exakt zum berechneten Termin auf die Welt kommen.

Achter Monat

Warum hat meine Freundin mit der ultimativen Herausforderung bis zum achten Monat gewartet? Ist das ein böses Kalkül? Haben verrücktspielende Hormone in ihr Sadismus geweckt? Oder will Gott mich in letzter Minute prüfen, bevor er mir ein Kind schenkt? Ich weiß es nicht. Ich weiß nur: Im achten Monat müssen wir plötzlich die Wohnung umbauen.

Wenn es ums Handwerken geht, sind bei uns zu Hause die Aufgaben klar verteilt: Sie bohrt. Ich halte das Brett. Sie sägt. Ich halte das Brett. Sie hämmert. Ich halte das Brett. Diese eigenwillige Arbeitsteilung hat ihre historischen Ursachen in der deutschen Teilung: Meine Freundin ist ein Kind der Mangelwirtschaft in der DDR. Sie hat in jungen Jahren gesehen, wie ihr Vater aus Brettern Regale schuf, mit unzureichendem Material Zwischenwände zog und aus drei kaputten Motoren einen fahrtüchtigen bastelte. In der Schule lernte sie in der Werkkunde, wie man an einer Drehbank arbeitet. Meine Freundin kann alles.

Ich hingegen bin ein Kind der Konsumgesellschaft. Mein Vater scheiterte schon an Ikea-Regalen, ließ sogar zum Tapezieren Handwerker anrücken und rief bei jedem platten Reifen den Pannendienst. In der Schule lernten wir im Sachunterricht alles über den Abbau der Steinkohle in tausend Meter Tiefe und die Auswirkungen des Monsuns auf die indische Reisernte. Ich kann nichts.

Wer soll unsere Wohnung kindersicher machen?

Meine Freundin? Darf in ihrem Zustand keinen Hammer und schon gar keinen Bohrer mehr anfassen.

Deutsche Handwerker mit Sozialversicherung? Dafür sind wir zu arm.

Polnische Schwarzarbeiter? Da kennen wir keine guten.

Doch nicht etwa ich?

«Wir machen das selbst», sagt meine Freundin: «Wir beide zusammen.»

Dabei lächelt sie fies.

Konkret sieht das so aus. Sie thront in einem Sessel, den ich in die einzige Ecke der Wohnung gewuchtet habe, die nicht komplett umgebaut wird. Sie legt ihre Füße auf einen gepolsterten Schemel, den ich ihr heranrücke, und braucht noch ein kleines Beistelltischchen. Darauf liegt die Liste, auf der sie abhakt, was ich schon erledigt habe, und notiert, was ihr gerade Neues eingefallen ist. Als da wären:

- Alle Steckdosen müssen mit Kindersicherungen versehen werden.
- Alle Regale müssen mit Winkeln oder Laschen rüttelsicher an der Wand befestigt werden.
- Alles, was noch niederstürzen kann, wenn man daran rüttelt, muss fixiert oder entfernt werden.
- Pflanzen, die man anknabbern kann, müssen hochgestellt werden.
- Alle Leisten müssen ordentlich an der Wand befestigt werden.
- Alle offenen Schnüre und Kabel müssen hinter zusätzlichen Leisten verborgen werden.
- Ihre schönen alten Stühle müssen abgeschliffen werden, damit sie nicht splittern.
- Ein antiquarischer Stubenwagen muss gesäubert, repariert und neu gestrichen werden.
- Eine Wickelkommode von Ikea muss aufgebaut werden.
- Ein Heizstrahler muss über der Wickelkommode angeschraubt und an den Strom angeschlossen werden.

Das sind Veränderungen, die objektiv notwendig sind, bevor ein Kind einzieht. Damit bin ich fertig geworden. Irgendwie und irgendwann. Aber meine Freundin ist jetzt erst richtig auf den Geschmack gekommen. Da wir beide – sie planend, ich schwitzend – gerade so gut dabei sind, meint sie, können wir auch noch andere Dinge in unserer Wohnung in Ordnung bringen, die schon lange überfällig sind.

- Fenster putzen.
- Backofen reinigen.
- Kühlschrank abtauen.
- Alle Bücherregale entstauben.

- Alle Wäsche waschen und alle Schränke anschließend mottensicher machen.
- Drei neue Hängeregale befestigen.
- Hässliche Flecken im Bad endlich so lange bearbeiten, bis sie wirklich weg sind.
- Neue Lampe anschrauben.
- Die Fugen zwischen den Dielen sauber machen.

Ich weiß nicht, woran meine Freundin mehr Gefallen fand: an der renovierten Wohnung oder daran, mich den ganzen Tag schwitzend auf allen vieren zu sehen. Ich würde noch heute handwerken, wenn es noch irgendetwas zu tun gäbe. Aber ich klage nicht: Zwar kennt sie kein Erbarmen. Aber Gott schon: In unserer Wohnung gibt es keinen Raum, den man zum echten Kinderzimmer hätte ausbauen können. So bleibt mir Wände tünchen, tapezieren, Dielen abschleifen, Fensterbänke streichen oder Teppiche verlegen erspart – zu ihrem Bedauern.

Neunter Monat

Im neunten Monat warte ich darauf, dass meine Freundin häuslich wird, wie es alle Schwangerschaftsratgeber ankündigen. Ich warte vergeblich. Immer noch geht sie gerne raus: Sie hat auf der Arbeit noch ein paar besonders interessante Schichten übernommen. Und abends liebt sie es, ihren mittlerweile unübersehbaren Bauch beim Tanzen zu präsentieren.

Bis kurz vor der Niederkunft hören wir nicht auf, Einladungen aus dem Freundeskreis anzunehmen. Wir sind in dieser Zeit besonders gern gesehene Gäste. Wir haben viel zu erzählen. Und unser Appetit macht jeden Koch glücklich. Erst später werden wir erfahren, dass unser gesamter Freundeskreis eine heimliche, hochdotierte Wette laufen hatte, auf welchem Esstisch unser Kind schließlich zur Welt kommen würde.

Rückblick

Das war meine Schwangerschaft – in dem Sinne, in dem der Balljunge vom WM-Endspiel als «mein Finale» erzählt. Wie könnte ich das alles zusammenfassen?

Ich finde, Männer, deren Frauen schwanger sind, sollten sich an John F. Kennedy halten. Dieser amerikanische Präsident erzählte, nachdem er wenige Wochen vor dem Start der Mondrakete das Raumfahrtzentrum Cape Canaveral besucht hatte, folgende Geschichte: Er habe dort einen alten Farbigen im Blaumann beobachtet, wie er eine große Werkzeughalle sorgfältig ausfegte und sich auch durch den Besuch des Präsidenten nicht eine Sekunde davon abhalten ließ. Da der Mann, selbst als Kennedy direkt vorbeiging, nur kurz aufschaute, sprach der Präsident ihn an:

«Was tun Sie da so Wichtiges, das keine Unterbrechung duldet?»

«Ich helfe mit, einen Menschen zum Mond zu bringen, Mr. President!», antwortete der Alte stolz und fegte weiter.

Das ist die richtige Einstellung für Männer, deren Frauen schwanger sind. Neun Monate bleibt nichts, als immer mehr im Haushalt zu übernehmen, kochen, Füße massieren, die Wohnung kindersicher machen und ihre Launen ertragen. Das alles und tausend Dinge mehr können Männer tun – und das Wesentliche wird doch immer ohne ihr Zutun geschehen. Aber das macht nichts: Wir helfen mit, einen Menschen auf die Erde zu bringen.

Sex zu dritt

Unser Freund R. kommt in die Stadt, als meine Freundin im sechsten Monat ist. R. und ich sitzen in einer Kneipe und reden.

Beim ersten Bier fragt R., ob wir uns schon Namen überlegt hätten.

Beim zweiten, ob unsere Geschwister schon Kinder haben oder ob unser Sohn für die Großeltern der erste Enkel wird.

Beim dritten, ob es in der Nähe unserer Wohnung eigentlich schöne Spielplätze gebe.

Bei Interviews ist es ratsam, die eigentlich interessante Frage nicht gleich am Anfang zu stellen. Das verschreckt den Interviewten nur. Besser, man fragt zuerst nach etwas Harmlosem. Dann taut der Gesprächspartner langsam auf, entspannt sich und kommt ins Erzählen. Erst wenn die Atmosphäre gelöst ist und der Interviewte sich völlig in Sicherheit wiegt, kommt der Frager zur Sache.

Beim vierten Bier fragt R.: «Und wie läuft es jetzt mit dem Sex?»

Der Interview-Trick ist gut, aber alt. So alt, dass ihn jeder kennt. Wirklich jeder. Wir erleben immer wieder, wie Freunde nach unverfänglichen ersten Erkundigungen plötzlich vertraulich den Kopf zu uns neigen und mit gedämpfter Stimme fragen: «Und, mit deiner Freundin läuft es auch sonst?» oder «Du verstehst dich immer noch gut mit deinem Freund? Auch so, na du weißt schon wie.» Am Anfang wundern wir uns darüber noch. Wir sind so lange zusammen, dass die meisten unserer Bekannten uns schon als Paar kennenlernten. Sie haben es nie für nötig befunden, sich um die körperliche Seite unserer Partnerschaft Sorgen zu machen. Bis wir ein Kind erwarten und bekommen. Das müsste ja eigentlich darauf hinweisen, dass wir noch miteinander schlafen. Zumindest einmal muss es ja passiert sein. Trotzdem hegen unsere kinderlosen Freunde den Verdacht: Wenn Familie beginnt, hört Sex auf.

Ist das so? Dazu gibt es in der Tat einiges zu sagen.

Vor allem das: Das geht euch gar nichts an!

Andererseits: R. und die anderen meinen es ja nicht böse. Aus ihren Fragen spricht vielmehr aufrichtige Sorge. Auch um uns. Vor allem aber, wie es wird, wenn sie selber Eltern werden. Deshalb hier zur Beruhigung:

Was Sie schon immer über junge Familien und Sex wissen wollten, aber bisher nicht zu fragen wagten.

Frage 1: Zwei schlafen miteinander. Dabei entsteht ein dritter. Schlafen die beiden weiter miteinander?

Es ist seltsam. Viele machen sich Sorgen. Aber keiner kennt auch nur ein Paar im eigenen Bekanntenkreis, das sich wegen eines eingeschlafenen Liebeslebens in der Schwangerschaft oder mit ganz jungen Kindern getrennt hat.

Einwand: Hat nicht Olli Kahn seine schwangere Frau zwei Wochen vor der Niederkunft verlassen? Für eine Discobekanntschaft, die – nach Auskunft der Boulevardzeitungen – den Torwart von Bayern München nicht nur mit ihrer kultivierten Gesprächsführung beeindruckte?

Okay.

Aber in der Welt außerhalb Münchens gilt: Schwangerschaft macht sexy. Und wie. Reduzieren wir den schwangeren weiblichen Körper doch einmal entschlossen zum

Sexualobjekt und betrachten ihn aus der Perspektive des (geilen) Mannes:

- Sie wird runder. Überall.
- Sie wird praller. Überall.
- Sie riecht stärker wie sie selbst.
- Sie schmeckt stärker wie sie selbst.
- Sie spürt ihren Körper stärker und alles, was mit ihm passiert.
- Sie hat überhaupt keine Angst, schwanger zu werden. Sie ist es ja schon.
- Irgendwann ist sie so rund, dass ein paar eingeübte Stellungen nicht mehr funktionieren. Dann probiert sie neue.
- In der ersten Hälfte der Schwangerschaft lässt sie keine Gelegenheit aus, weil sie fürchtet, bald könnte der Sex wegen der Schwangerschaft zum Erliegen kommen.
- In der zweiten Hälfte lässt sie keine Gelegenheit aus, weil sie fürchtet, bald könnte der Sex wegen des Kindes zum Erliegen kommen.
- Nach der Schwangerschaft wird sie keine Gelegenheit auslassen, um sich zu beweisen, dass der Sex nicht wegen des Kindes zum Erliegen kommt.

Das hat R. erst einmal beruhigt. Aber schon ein Bier später ist er wieder auf das Thema gekommen. Denn die männliche Urangst ist gar nicht, die eigene Frau nicht mehr attraktiv zu finden. Vielmehr fürchten Männer, dass sich der weibliche Sexualtrieb radikal reduziert, sobald eine erfolgreiche Befruchtung stattgefunden hat. Oder anders gesagt: Einmal schwanger, lässt mich die Alte bestimmt nicht mehr ran! Warum sollte sie denn?

Ich habe mich erkundigt – bei einer sicheren Quelle. Reduzieren wir doch auch den Mann zum Sexualobjekt und betrachten ihn aus der Perspektive seiner (schwangeren) Frau:

- Er ist neugierig auf ihren Körper.
- Er findet nicht mehr nur bestimmte Stellen ihres Körpers interessant.
- Er will sie vielmehr an sehr vielen Stellen mit den Händen tastend berühren.
- Er streichelt sie jetzt wirklich gerne.
- Er findet, sie schmeckt und riecht besonders.
- Er ist beim eigentlichen Akt sanft, ja geradezu vorsichtig. Er fürchtet nämlich, er könne etwas kaputt machen. Das ist zwar Quatsch, aber schön.
- Er selbst wird im Verlauf der Schwangerschaft auch ein bisschen griffiger.
- Er sieht sofort ein, wenn sie sagt: «Diese Stellung mag ich zurzeit nicht.»
- Er ist begeistert, wie gut es trotz Schwangerschaft läuft.

Gibt es denn gar keine Probleme beim Sex in der Schwangerschaft? Doch, sicher. Irgendwann sind da ja nicht mehr nur schöne neue Rundungen am Körper der Frau. Irgendwann merkt man: Im Runden ist etwas drin. Und dann kommt der Moment, wenn man sogar seine Fußtritte spürt und seine Hände beim Boxen und sogar sein Köpfchen, wenn er sich dreht. Das kann einen ganz schön ablenken. Ich hatte immer das Gefühl, wir seien nicht allein. Meine Freundin hat mich bei diesem Problem sehr sensibel unterstützt:

«Trau dich doch einfach. Ihm gefällt das auch, das spüre ich», sagt sie.

«Aber findest du das nicht auch seltsam?»

«Nein, Sex mit zwei Männern habe ich mir schon immer sehr befriedigend vorgestellt.»

Frage 2: Zwei schlafen miteinander. Dabei soll ein dritter entstehen. Schlafen die beiden weiter miteinander?

Dieses Szenario klingt harmlos, ist es aber nicht. Mein Freund C. hat es wirklich durchlitten. Dabei fing alles perfekt an. Seine Frau möchte ein Kind von ihm. Das findet er gut. Sie schläft mit ihm, um schwanger zu werden. Das findet er auch gut. Sie wird aber nicht schwanger. Deshalb schläft sie öfter mit ihm. Das findet er immer noch gut. Sie ist immer noch nicht schwanger. Sie kann es nicht ausstehen, wenn etwas nicht so läuft, wie sie es geplant hat. Deshalb schläft sie jetzt noch öfter mit ihm. Das findet er langsam anstrengend.

Sie ist immer noch nicht schwanger und geht zum Arzt. Der untersucht sie, findet alles in Ordnung und empfiehlt, einfach so oft wie möglich miteinander zu schlafen. C. besteht auf einem freien Abend in der Woche.

Ihr reicht diese Auskunft nicht. Deshalb geht sie zu einem Spezialisten. Der empfiehlt den beiden bestimmte Zeiten, um miteinander zu schlafen. Also stellt sie den Wecker auf 4 Uhr in der Nacht, weckt C. und schläft mit ihm. Er findet es lustig. Aber nur beim ersten Mal.

Die beiden schlafen immer noch miteinander. Sie, weil sie nicht aufgeben will. Er wegen ihr. Spaß macht das nicht mehr. Und schwanger wird sie dabei auch nicht.

Irgendwann hat C. gesagt, so gehe es nicht weiter. Er wollte erst einmal überhaupt nicht mehr mit ihr schlafen. Daraufhin haben die beiden sich fürchterlich gestritten. Aber nach ein paar Tagen haben sie eingesehen, dass sie auch zu zweit ganz glücklich waren. Auch sie verabschiedet sich vom Kinderwunsch. Die beiden schlafen nur noch miteinander, wenn sie Lust haben.

Einen Monat später ist sie schwanger.

Im Amerikanischen gibt es angeblich das Sprichwort,

das beste Verhütungsmittel sei ein bereits vollständig eingerichtetes Kinderzimmer. Es stimmt. Ein verbissener Kinderwunsch kann seiner eigenen Erfüllung im Weg stehen – und dann leidet auch der Sex. Das vor der Befruchtung schon fertige Kinderzimmer ist gar nicht so absurd, wie es klingt: Manche Menschen richten sich ihr ganzes Leben vorher ein. Eine ehemalige Kommilitonin von uns hat schon Pläne für eine Babypause geschmiedet, als sie im Grundstudium war und ihren späteren Mann noch gar nicht getroffen hatte. «Von 28 bis 31 promoviere ich, dann haben wir ein Jahr Zeit fürs erste Kind, dann kommt von 32 bis 35 meine Habil, dann machen wir das zweite Kind, und ein Jahr später gehen wir zu viert nach Amerika.»

Natürlich kann man Familienplanung wie eine Rinderzucht betreiben.

Genauso lustvoll ist sie dann auch.

Frage 3: Zwei schlafen miteinander. Dabei ist ein dritter entstanden. Der wird jetzt geboren. Soll der Mann dabei sein? Und wenn, schlafen die beiden danach weiter miteinander?

Bei dieser Frage geht ein Riss durch unseren Freundeskreis. Ich nutzte ein Abendessen mit Gästen zur Recherche für dieses Kapitel und hätte damit die Runde beinahe gesprengt. Frühere Generationen mögen sich über den Sozialismus oder die Atomkraft gestritten haben – die heute Dreißigjährigen entwickeln leidenschaftliche Diskurse bei der Frage, ob der Mann bei der Geburt dabei sein soll – und vielleicht noch beim Für und Wider eines öffentlichen Rauchverbots.

Wobei die entschiedenste Anhängerin eines möglichst totalen Rauchverbots auch die entschiedenste Befürworterin von Männern im Kreißsaal ist. Unsere Freundin D. arbeitet bei einer alternativen Versicherung, kauft im Ökoladen und hat drei Kinder zur Welt gebracht: «*Wir* haben drei Kinder zur Welt gebracht», korrigiert sie und lächelt ihren neben ihr sitzenden Mann an. Der lächelt stolz zurück.

Ihre Meinung ist klar: Jeder Mann muss mit. Denn erstens hat er das Ganze seiner Frau schließlich eingebrockt. Zweitens soll er sehen, wie sie leidet. Und drittens kann er ihr so beistehen – wenigstens moralisch. Ihr Fazit: Nur Machos trauen sich nicht in den Kreißsaal – woran man wieder sieht, dass sie Feiglinge sind.

Während D.s Ausführungen konnte E., Mutter von zwei Kindern, kaum noch an sich halten. Sie kommt aus Frankreich und hält «das Zugucken beim Gebären» für eine Zumutung, «und zwar für die Frau und den Mann». Dass die Anwesenheit des werdenden Vaters im Kreißsaal zumindest in deutschen Krankenhäusern mittlerweile normal ist, hält sie für eine «typische germanische Barbarei». Am meisten ärgert sie, dass Männer, die bei einer Geburt dabei sind, als besonders sensibel gelten. «Ein sensibler Mann weiß, wann er überflüssig ist», schimpft sie. Sie kann sich nicht vorstellen, je wieder mit einem Mann zu schlafen, der gesehen hat, wie sie ein Kind zur Welt gebracht hat. Und: «Ich kann mir auch nicht vorstellen, dass er je wieder mit mir schlafen will.» Als sich an diesem Punkt Widerspruch regt, echauffiert sie sich erst recht: «Wie kann eine Frau nur wollen, dass ein Mann sa chatte in diesem Zustand sieht!»

Ihr Mann, dem die ganze Diskussion erkennbar peinlich ist, wird jetzt richtig rot.

Ein weiterer Gast ist F. Die Mutter eines Kindes hat bisher geschwiegen. Jetzt widerspricht sie der aufgebrachten Französin. F. ist der Meinung, Männer sollten bei der Geburt richtig hinschauen. Ihr Mann habe tiefere Kenntnis der weiblichen Anatomie erst in der Schwangerschaft erworben, weil er sie immer zur Gynäkologin begleitet habe. «Da erst ist er wirklich aufgeklärt worden», behauptet sie fest. Wie er es denn völlig ohne Kenntnis der Funktionen weiblicher Sexualität schaffte, ein Kind zu zeugen, fragen wir ungläubig. «Können und Wissen sind zwei Dinge», meint sie und zitiert einen Literaturkritiker, der, nach seinem eigenen Schreiben gefragt, antwortete: «Um zu wissen, wie man ein Steak brät, muss ich mich auch nicht mit dem Hintern in die heiße Pfanne setzen.»

Einer der Gäste bekommt das Gelächter nicht mit: Der Mann von F. ist, sofort als das Thema aufkam, auf den Balkon eine rauchen gegangen, dann zum Klo und jetzt wieder auf den Balkon, noch eine rauchen.

Es stimmt schon. Tatsächlich kann ein Mann, der sich entscheidet, auch die medizinische Seite der Schwangerschaft intensiv zu begleiten, eine Menge lernen über seine Frau – vor allem über ihr Geschlechtsteil. Meine Freundin und ich glauben allerdings, dass auch in einer modernen Partnerschaft der Mann ganz gut ohne Detailwissen über Intimpilze und den pH-Wert in der Scham seiner Frau auskommt.

Das bedeutet nicht, dass ich bei der Geburt weggesehen habe. Im Gegenteil, ich war dabei und weiß noch genau, wie ich erst das Köpfchen, dann das Gesicht und schließlich meinen ganzen Sohn zum ersten Mal gesehen habe.

Frage 4: Zwei schlafen miteinander. Dabei ist ein dritter entstanden. Er ist jetzt immer bei den beiden. Schlafen sie noch miteinander?

Meistens rufen wir unseren Sohn mit seinem Namen. Aber manchmal nennen wir ihn auch den «Saboteur».

Zu dem Zeitpunkt, an dem ich diesen Text schreibe, ist der Saboteur siebzehn Monate alt. Er kann laufen und erkundet stückchenweise die Welt. Wenn er ein besonders interessantes Stück Welt gefunden hat, will er sogar ein paar Minuten damit allein sein. Nur wir – meine Freundin und ich –, wir dürfen nie allein sein. Jedenfalls nicht, wenn es zwischen uns interessant wird.

Es ist ganz erstaunlich: Der Saboteur merkt immer sofort, wenn etwas zwischen seinen Eltern passiert. Wir können minutenlang nebeneinander auf dem Sofa sitzen – sobald wir ein wenig kuscheln, schaut ein kleiner Kopf durch die Tür. Er schaut, als wolle er fragen: «Ja, was ist denn hier los?»

Meine Freundin meint: «Er wittert Intimität.» Mit dieser Fähigkeit scheint nicht nur unser kleiner Saboteur gesegnet. Recherchen in Elternkreisen zeigen: Kleine Kinder passen ganz gut auf, dass es nicht bald noch mehr kleine Kinder gibt. Ein frustrierter Vater hat sich die Theorie zurechtgelegt, menschliche Babys und Kleinkinder hätten in der Evolution einen Elternbeischlafverhinderungsreflex ausgeprägt, um familieninterne Konkurrenten um Muttermilch und andere Ressourcen schon vor deren Entstehung zu bekämpfen.

Ich glaube das nicht. Der kleine Saboteur ist einfach nur gerne dabei, wenn etwas los ist. Und wenn das mit Berührungen, Drücken und Streicheln beginnt, erst recht. Wenn wir uns umarmen, umarmt er uns auch. Wenn wir uns drücken, will er auch gedrückt werden. Er verteilt einfach gerne Streicheleinheiten und kriegt auch gerne welche. Unschuldiger geht es gar nicht, oder?

Wir machen einen Test – eine ganze Woche lang. Der kleine Saboteur schläft jeden Mittag von 12 Uhr bis 13 Uhr 30.

Am Montag ist meine Freundin zu dieser Zeit auf einem beruflichen Termin.

Der Saboteur schläft eineinhalb Stunden.

Am Dienstag ist sie da, dafür mache ich zu dieser Zeit Besorgungen.

Der Saboteur schläft.

Am Mittwoch sind wir beide da und arbeiten in getrennten Ecken der Wohnung.

Saboteur schläft.

Am Donnerstag sitzen wir beide im Wohnzimmer und lesen.

Schläft.

Am Freitag trauen wir uns schon auf die Couch.

Der Saboteur wacht dreimal auf, aber weil immer sofort einer von uns an seinem Bett steht, schläft er weiter.

Obwohl der Ausgang des Experiments längst absehbar ist, machen wir am Samstag noch einen letzten, echten Versuch: Keine Chance. Obwohl wir so leise waren wie kein Paar seit der heimlichen Liebe zwischen Julia und Romeo, steht der Saboteur plötzlich in der Tür. Er lächelt. Und schaut, als wolle er sagen: «Ja, was ist denn hier los?»

DAS KIND IST DA

Vater, Mütter, Kind

Ein letztes Mal melde ich mich am Telefon mit Namen und Institution. Ein letztes Mal diskutiere ich mit Kollegen, was heute wichtig wird. Ein letztes Mal lege ich die Füße auf den Schreibtisch, spanne das Feuilleton einer großen Zeitung wie ein Panzertarnzelt über meinem Kopf aus und schlafe eine halbe Stunde mit offenen Augen. Ein letztes Mal schreibe ich einen Artikel, redigiere einen zweiten und bin dann fertig.

Mein vorerst letzter Arbeitstag ist zu Ende.

Auf dem Heimweg wundere ich mich, wieso mir ausgerechnet heute aufgefallen ist, wie nett ich es doch an meinem Arbeitsplatz habe. Nein, «hatte», korrigiere ich mich selbst. Denn das ist jetzt erst einmal vorbei: Bis heute war ich Redakteur. Ab morgen bin ich «in Elternzeit».

Ab morgen werde ich um 6 Uhr aufstehen und Milch für den Jungen warm machen. Ab morgen werden ich ihn wickeln und anziehen. Ich werde meine Vormittage auf Spielplätzen verbringen. Und meine Nachmittage auch. Ab morgen werde ich Babygläschen für ihn warm machen und – das habe ich mir vorgenommen – ab und an auch selbst für ihn kochen.

Ab morgen werde ich die Stunden zählen, wann seine Mutter nach Hause kommt.

Warum habe ich mich darauf bloß eingelassen?, frage ich mich auf dem Heimweg.

«Warum habe ich mich darauf bloß eingelassen?», frage

ich meine Freundin, die mich zu Hause mit einem Glas empfängt.

«Meinetwegen», sagt sie, lächelt und stößt mit mir an.

Das stimmt. Sie will wieder arbeiten. Aber: Sie muss auch. Gerade in Großstädten mit flächendeckendem Kita-Angebot wird es in den Unternehmen nicht mehr gerne gesehen, wenn Mütter nach der Geburt eines Kindes länger als ein Jahr aussetzen. Gleichzeitig ist allerdings die Akzeptanz gestiegen, dass auch Väter ein Jahr zu Hause bleiben dürfen. Seltsamerweise wird diese Entwicklung oft als Erfolg für die Frauen verbucht.

Also: Meine Freundin fühlt, dass es besser ist, wenn sie bald wieder arbeitet. Und ich fühle, dass ich mich gerne eine Zeitlang um den Jungen kümmern möchte.

Was der Junge fühlt, wissen wir nicht.

Auf jeden Fall sind wir beide gut vorbereitet. Wir haben Milch, Brei, Mittags-, Nachmittags- und Abendgläschen, Zwieback, Knäckebrot und Knusperkekse in rauen Mengen eingelagert. Wir besitzen Bauklötze und Legosteine, Matchboxautos und Holzpferde, Plastikhandys und echte Handys, Holzschablonen und Gummiringe, pädagogisch wertvolle Kinderbücher und grelle Comics, Kinderautos und Schaukelpferde, Tastspiele und Fühlbücher, Figürchen sonder Zahl und Püppchen von fünf Kontinenten – und wenn gar nichts hilft, einen Fernseher. Wir haben die guten Ratschläge von der Oma und für den Notfall Mamas Handynummer.

Aber das ist alles nichts gegen das, worauf es ankommt: Das Wesentliche. Das Wissen. Die Weisheit: «DIE GROSSEN VIER DES KLEINEN KINDES». So hätte Mao den Schlüssel zur glücklichen Elternzeit genannt, hätte er seinen Sohn erzogen anstatt das ganze chinesische Volk. Wie die Zehn Gebote, die Fünf Säulen des Islam, die Anfangssätze des Kommunistischen Manifests oder die Bergpredigt sind die Großen Vier des Kleinen Kindes kurz, einleuchtend und universell gültig. Wer sie befolgt, kommt ins Paradies. Wer sie vernachlässigt, erlebt die Hölle. Und zwar nicht erst nach seinem Tod.

Die Großen Vier des Kleinen Kindes lauten:
Weint dein Kind, möchte es, dass du dich um es kümmerst, also
EINS: Schenke ihm Aufmerksamkeit!
Weint dein Kind weiter, braucht es vielleicht eine neue Windel, also
ZWEI: Windle es!
Weint dein Kind immer noch, hat es vielleicht Hunger, also
DREI: Füttere es!
Weint dein Kind dann immer noch, so ist es vielleicht müde, also
VIER: Wiege es in den Schlaf!

Hat man die Großen Vier des Kleinen Kindes befolgt, dann weint das Kind nicht mehr. Mein Kind auf jeden Fall nicht. Ein paarmal kommt es vor, dass ich die Großen Vier wiederholen muss. Einmal bin ich sogar bei den Großen Sechzehn, aber da bekommt er, wie ich später feststelle, Zähne. Sonst gilt: Die Großen Vier helfen immer. Wenn nicht, rufe ich seine Mutter an. Erreiche ich sie nicht, rufe ich meine Mutter an. Oder ich mache mich gleich auf den Weg zum Kinderarzt.

Zugegeben: Trotz der Großen Vier geht nicht immer alles glatt. In Wirklichkeit gibt es kaum Tage, an denen alles glattgeht. Die Tage, an denen überhaupt irgendetwas glattgeht, sind die guten Tage. An den anderen Tagen weint er lange, weil er seine Mama vermisst. Oder er mag nur spielen, wenn Papa dabeisitzt. Dabeisitzen und Zeitung lesen gilt nicht. Er heult manchmal auf einer Frequenz, die objektiv für Menschen unerträglich ist.

Aber eines gilt in der Elternzeit immer: Der Junge kann nichts dafür.

Und selbstverständlich gilt auch: Ich kann nichts dafür.

Manchmal kommt zwischen Weinen und Schreien der Punkt, an dem ich die Wut nicht mehr herunterschlucken kann. Einmal habe ich fast die Küchentür eingetreten. Aber meist hat es gereicht, meine Freundin anzurufen und sie wüst zu beschimpfen, warum sie um 15 Uhr 30 immer noch auf der Arbeit ist.

Das ist schon die ganze Geschichte der männlichen Elternzeit. Meine Freundin geht arbeiten, ich bleibe zu Hause, das Kind überlebt trotzdem. Einfache Geschichte, möchte man meinen. Weit gefehlt!

Als ich mit meinem Sohn durch das winterliche Kreuzberg spaziere, springt mich die Bedeutung unserer Tat direkt an – in Form einer Passantin. Die Person hüpft derart aufdringlich auf unseren Weg, dass ich auf dem vereisten Bürgersteig gerade noch schlingernd zum Stehen komme. Mein Junge will schon vor Schreck zu brüllen anfangen, doch sie brüllt schneller: «Gaaaaaaaanz toll, das ihr das so macht.» Jetzt erkenne ich, dass es sich gar nicht um eine aufgeputschte Drogensüchtige handelt, sondern um eine Kollegin. Bisher standen wir uns nie besonders nahe. Jetzt scheinbar schon. Sie fährt fort: «Das finde ich toll, dass du dich als Mann zurücknimmst, damit sich deine Frau beruflich verwirklichen kann und nicht zwischen Fläschchen und Breichen versauert.»

Ich will gerade antworten, dass ich mich auch toll finde, da sagt sie es schon wieder: «Toll. Wirklich toll.» Ich wünsche, mein Sohn würde schreien, doch er hat staunend den

Mund offen. Sie guckt ihn nicht an, sondern spricht weiter: «Übrigens: Was macht deine Frau eigentlich?»

«Sie ist bei der Stadtreinigung», lüge ich spontan.

«Oh. Hm. Ach so. Na ja. Aber für die Tochter ist das doch bestimmt auch toll zu sehen, dass es auch Männer gibt, die klassische Rollenbilder bewusst unterlaufen.»

«Sie ist erst acht Monate. Und sie ist übrigens ein Sohn.»

«Na ja. Auf jeden Fall: Ganz toll. Ich bin stolz auf euch.»

Das war uns peinlich. Ich bin nämlich nicht der Meinung, dass alle Männer Elternzeit nehmen müssen. Es reicht mir völlig, wenn ich das tue. Freunden rate ich allerdings, Zeit mit ihren Kindern zu verbringen. Freundinnen rate ich das auch. Eine Mutter, die ihren Beruf aufgibt und in der Erziehung ihrer Kinder aufgeht, hat meine volle Sympathie.

Es sei denn, sie tritt der Mütterpolizei bei.

Die Existenz der Mütterpolizei ist Menschen, die keine Kinder haben, oft gar nicht bekannt. Weil die Mütterpolizei keine Uniformen trägt und keine Dienstausweise zeigt, behaupten Unwissende, diese extralegale Truppe gebe es in unserem Rechtsstaat gar nicht. Welch ein Irrtum! Die Mütterpolizei ist aktiv – auf jedem Spielplatz, in jeder halbwegs bürgerlichen Gegend. In den seltensten Fällen belässt es die Mütterpolizei bei einer Verwarnung. In der Regel nimmt sie sofort eine moralische Verhaftung vor.

Das geht so: Unter einem wolkenverhangenen Märzhimmel buddelt mein Sohn gemeinsam mit einem kleinen Mädchen. Dadurch wird ein Mitglied der Mütterpolizei auf uns aufmerksam.

«Hallo, dein Junge ist ja ein süßer Schatz. Aber er hat ja gar keine Mütze.»

«Doch, doch. Wir haben jede Menge Mützen.»

«Ja, aber er trägt ja keine Mütze.»

«Heute mal nicht.»

«Aber Kinder unter drei Jahren sollten prinzipiell draußen eine Mütze aufhaben. Wenn es windig ist, können sie sonst schnell eine Mittelohrentzündung bekommen. Und wenn es sonnig ist, können sie sich einen Sonnenstich holen.»

Heute scheint weder die Sonne, noch weht der Wind. Ich schweige also.

Sie spricht: «Du weißt das vielleicht nicht, aber in der Kita, wo unsere Große ist, da tragen die Kinder sogar, bis sie sechs Jahre alt sind, immer Mützen. Das ist auch gut für die Geschlossenheit der Energieströme der Kleinen, weißt du.»

Manchmal beneide ich die vielen Türkinnen und Araberinnen auf den Spielplätzen Berlins. Die können einfach so tun, als verstünden sie nichts, wenn die Mütterpolizei sie erwischt. Mein Schweigen hingegen wird als Schwäche ausgelegt.

«Du, ich kann dir auch eine Mütze von unserem Lasse leihen, wenn du jetzt keine dabeihast. Wir haben immer mehrere.»

Jetzt muss ich reden, denn sie wird handgreiflich. Sie ist dabei, meinem Jungen eine Mütze aufzusetzen.

«Nein. Danke. Bestimmt nicht!», sage ich, und versuche, barsch zu klingen.

Das Schlimmste ist: Selbst wenn man wollte, könnte man es der Mütterpolizei nie recht machen. Denn wie in jedem diktatorischen Regime gibt es auch hier unterschiedliche, konkurrierende Fraktionen des Terrors. Eine Abteilung der Mütterpolizei meint, Impfungen seien eine organisierte Vergiftung unserer Kinder durch die Pharmaindustrie. Andere meinen, die Eltern würden das Impfen heutzutage sträflich vernachlässigen und das Jugendamt sollte Impfkontrolleure in die Familien schicken. Einige meinen, ohne Mütze gehe es nicht. Andere halten Mützen für ein Verbrechen an der Entwicklung des Kindes zum selbstbewussten Barhäuptigen. Einige meinen, der Kinderwagen dieser einen Firma sei der einzige, in dem Kinder nicht sicher stranguliert werden, andere meinen, jener Kinderwagen sei die einzige Option. Die Mütterpolizei eint nur eines: Sie hat recht. Und sie teilt es allen mit.

Die Frau lässt nicht ab. Sie will meinem Jungen eine Mütze aufsetzen. Er wehrt sich und entwindet sich ihrem Griff. Sein Widerstand weckt auch in mir Mut. Ich hebe zu einer Replik an: «Die grüne Mütze, die Ihre Tochter trägt, die ist aus einem Stoff, der Krebs macht, wissen Sie das nicht, Sie unverantwortliche Person!»

Im letzten Moment beiße ich mir auf die Zunge. Ich habe schließlich Familie. Und mit der Mütterpolizei fängt besser keinen Ärger an, wer auch morgen noch in Frieden den Spielplatz besuchen will.

Der Begriff «Mütterpolizei» ist längst zu einer gängigen Wendung der deutschen Sprache geworden. Erst bei den Recherchen zu diesem Buch entdeckte ich, dass er ursprünglich aus einem Artikel der Zeitschrift *Brigitte* stammt. Mittlerweile gibt es im Hamburger Stadtteil St. Pauli, wo keine Perversion ausgelassen wird, sogar zwei Frauen, die sich ironisch Mütterpolizei nennen und als eine Art Guter-Bulle/Böser-Bulle-Gespann durch die Kneipen ziehen und dort Wollmützen verkaufen. Der ursprüngliche Text der Journalistin Birgit Schönberger war Teil eines verdienstvollen Dossiers unter dem Titel «Mütter gegen Mütter». «Mütter gegen Väter» hat die Redakteurinnen des Frauenmagazins wohl weniger interessiert. Oder sie konnten sich nicht vorstellen, wie die Mütterpolizei mit Vätern umspringt.

Natürlich gibt es auf Spielplätzen nicht nur die Mütter der Mütterpolizei. Es gibt auch noch die Müttermütter. Die Müttermütter erkennt jeder auf den ersten Blick als Mütter –

auch wenn sie ihre Kinder nicht dabeihaben. Sie kleiden sich gern praktisch. Im Gegensatz zu ihren Kindern, die immer aussehen wie frisch angezogen, neigen sie selbst zu einer gewissen Ungepflegtheit. Müttermütter reden prinzipiell nur über Kinder. Wer sich mit ihnen unterhalten möchte, muss auch über Kinder reden. Wer sie glücklich machen möchte, muss ihre Kinder loben. Dann kann man Müttermüttern das eigene Kind für eine halbe Stunde unterschieben und in Ruhe Zeitung lesen.

Die Müttermütter, deren Persönlichkeit, falls sie je eine hatten, von der Mutterrolle gefressen wurde, habe ich immer für eine Propagandaerfindung des Feminismus gehalten. Ich habe mich getäuscht. Es gibt sie wirklich. Einmal habe ich sogar auf einer Bank neben einem Sandkasten einen Vatervater kennengelernt. Wir redeten über unsere Söhne, und dann berichtete er mir stolz von der Karriere seiner Frau. Er wirkte sehr einsam.

Und dann gibt es noch die anderen Mütter: Die Freundlichen und die Patzigen, die Sanften und die Zicken, die Lustigen und die Humorlosen, die Schönen und die mit einer ganz eigenen Ausstrahlung – Frauen halt. Wenn ich sie in Rudeln antreffe, halte ich mich abseits. Mit oder ohne Kinder: Männer sollten Frauengruppen immer Frauengruppen sein lassen. Lerne ich auf dem Spielplatz oder in der Krabbelgruppe eine einzelne Mutter kennen, ist diese Bekanntschaft meist eine angenehme. Mütter unterscheiden sich von anderen Frauen nur darin, dass sie weniger Zeit und mehr Erfahrung haben. Egal, ob es die Sonne ist, eine Zigarette, ein gutes Gespräch oder ein Flirt – sie schätzen den Moment.

Im Kreise meiner männlichen Freunde werden die Erzählungen aus der Welt der Spielplätze verfolgt wie einst die Berichte von Dr. Livingstones Afrikaexpeditionen in Londoner Herrenclubs. Wobei ich nicht weiß, ob sich Livingston auch so unverstanden fühlte: «Und das mit dem Windelnwechseln, das musst du dann auch machen?»

«Ja.»

«Auch wenn er gekackt hat?»

«Nein, dann warte ich natürlich, bis meine Freundin abends nach Hause kommt.»

Wie wenig normal es ist, wenn sich ein Mann eine Zeitlang um ein Baby kümmert, verrät schon die Sprache. «Vaterschaftsurlaub» sagte man bis vor ein paar Jahren. Das klingt nach Erholungsurlaub und trifft die Sache nun wirklich nicht. «Elternzeit» ist die modernere Variante, die insofern Sinn ergibt, als dass ich mir tatsächlich Zeit für meine Elternrolle nehme. Mir persönlich gefällt der Begriff «Familienzeit» am besten. Aber weder die «Familienzeit» noch die «Elternzeit» passt wirklich in unsere Sprache. Bin ich jetzt ein «Elternzeitnehmer», wie ich vor kurzem noch ein «Arbeitnehmer» war? Oder ein «Elternzeitler»? Heißt es «ich nehme gerade Elternzeit» oder «ich habe gerade Elternzeit» oder «ich bin gerade in Elternzeit»? Egal, welchen Begriff ich verwende, eine Nachfrage kommt immer: «Und was tust du noch?»

Es ist nämlich so: Frauen dürfen Kinder hüten. Männer dürfen auch Kinder hüten – wenn sie nebenbei arbeiten.

«Elternzeit? Kein Problem», heißt es in der Zeitung, für die ich arbeite: «Aber deine Kolumne, die machst du doch schon weiter, oder? Und wenn wir dich brauchen, können wir dich doch auch spontan für einen Text anrufen.»

Mein Freund M. aus Leipzig schreibt, wenn seine Tochter schläft, an seiner Doktorarbeit über die Veränderungen im russischen Gesundheitswesen nach der Oktoberrevolution.

Mein Bekannter K. aus Potsdam hat seiner Kanzlei zugesagt, sich einmal im Monat Schriftsätze abzuholen, die er zu Hause bearbeitet.

Ein Kollege meiner Freundin, der zwei Kinder zu Hause betreut, hat verzweifelt versucht, einen Fuß in seinem alten akademischen Beruf zu behalten. Vergeblich – jetzt schult er zum Aerobic-Lehrer um.

Die Elternzeitväter arbeiten nur aus einem Grund: Sie wollen sich beweisen, dass sie aus der Arbeitswelt nicht völlig raus sind. Das ist dumm, denn selbstverständlich sind sie völlig raus.

Ich habe versucht, mich vor Aufträgen zu schützen, indem ich statt Elternzeit immer «Elternvollzeit» gesagt habe oder «Elterntotalzeit» oder sogar «Elternstresszeit». Aber diese Einschübe werden geflissentlich überhört. Wer wirklich seine Ruhe haben will, der sollte gar nichts von Elternzeit sagen, sondern kurz und knapp eine Auskunft geben, die jeder versteht und die garantiert hilft: «Ich bin Hausfrau und Mutter!»

Sollte das jemand für einen Witz halten und mit einem Honorar locken, antwortet man: «Geldverdienen? Das erledigt bei uns meine Frau.» Wenn der Anrufer dann trotzdem beginnt, «das faszinierende Projekt eben kurz zu erläutern», dann hört man zehn Sekunden zu und schreit dann: «Hach, jetzt kocht mir das Mittagessen über, ich muss dringend auflegen.» Wer das dreimal tut, muss sich künftig keine Sorgen mehr machen, mit Angeboten belästigt zu werden.

Die karrieresüchtige Rabenmutter

Die Frau geht, und das Kind weint. So weit das konservative Vorurteil über karrieresüchtige Rabenmütter. Meine Freundin beginnt, wieder zur Arbeit zu gehen, als unser Kind zehn Monate alt ist. Und ich bin überrascht. Sie geht – und unser Kind weint tatsächlich. Jeden Morgen.

Natürlich haben wir unseren Jungen darauf vorbereitet, dass er ab jetzt den Tag mit seinem Vater verbringen muss. Ich bin schon vor zwei Wochen aus meiner Arbeit ausgeschieden und habe ihn seitdem durch den Tag begleitet. Am ersten Morgen, an dem seine Mutter gehen wird, kümmern wir uns besonders intensiv um ihn. Nach dem Aufwachen ist er noch gestillt worden, ich habe ihn angezogen, und meine Freundin hat ihn noch einmal lange gedrückt. Jetzt halte ich ihn im Arm, um ihm durch körperliche Nähe zu vermitteln, dass er nicht allein bleibt. Meine Freundin hat ihm erklärt: «Mama geht jetzt arbeiten. Aber heute Abend kommt Mama wieder. Ganz bestimmt.» Mit einem Schnuller im Mund, einem Kuscheltier in der Hand und dem Klang von Mamas Stimme noch im Ohr schaut er zu Tür.

Dann geht Mama.

Und er weint.

Am ersten Tag weint er eine Stunde und schläft dann erschöpft ein. Am Nachmittag geht es schon besser. Sein Spiel wird jetzt nur noch von unregelmäßigen Schluchzern unterbrochen.

Er wird nicht jeden Tag so weinen wie am ersten Tag. Das

Weinen verändert sich: Beschreit er zuerst noch sein blankes Entsetzen, so wird er bald nur fatalistisch, ja routiniert klagen und sich schon nach zehn Minuten seinem Vater oder seiner Holzeisenbahn zuwenden. Irgendwann um seinen zwölften Lebensmonat herum begreift er, wie eine Tür funktioniert. Das führt dazu, dass er meint, Mama sei hinter der Tür, durch die sie morgens zur Arbeit gegangen ist. Also läuft er zur Tür und weint dort. Ich öffne sie und zeige den leeren Flur. Er staunt. Auch hier ist Mama nicht. Zur Sicherheit wird er noch mehrmals am Tag nachschauen.

Und die Mutter? Küsst das Kind und geht sehr schnell die Treppe hinunter. Ein langes Hin und Her würde den Abschied noch schwerer machen für das Kind. Und für die Mutter. Die ist außerdem spät dran – jeden Tag. Vor dem Sender stellt sie unseren Kombi mit dem Kindersitz auf der Rückbank neben die BMW der Abteilungsleiter, die sportlichen Audi der Redakteurinnen und die VW Golf der freien Mitarbeiter. Sie kontrolliert noch einmal im Rückspiegel, ob ihr Make-up verschmiert ist, als sie dem Jungen einen Abschiedskuss gegeben hat. Sie steigt aus und sucht noch einmal ihre Kleidung nach Flecken und Spuren von Babyhändchen ab. Dann geht sie an ihren Arbeitsplatz. Die Mutter verbirgt sie hinter der Berufstätigen wie ihre Stilleinlagen hinter der gebügelten Bluse.

Aber die Mama will raus. Deshalb muss sich die Berufstätige zusammenreißen. Sie muss sich zwingen, nicht um zehn Uhr spontan zu Hause anzurufen, weil ihr eingefallen ist, wo der Junge seine Rumbakugeln versteckt hat, die wir gestern den ganzen Tag gesucht haben. Sie muss achtgeben, dass sie, wenn die Kollegen nach dem Wochenende fragen, nicht mit süßen Kindergeschichten langweilt, sondern Kultur- und Lifestyle-Kompetenz unter Beweis stellt. Reißt am Nachmittag der Himmel auf, muss sie den Impuls unterdrücken, mir eine SMS zu schicken: «Sonnencreme nicht vergessen!»

Doppelt schwer: Die Berufstätige kämpft nicht nur mit der Mama in sich, sondern auch mit der Mama in den Augen der anderen.

«Können wir uns überhaupt auf Sie verlassen?», fragt ihre Chefin, nachdem sie einen Tag zu Hause geblieben ist. Der Junge hatte Durchfall und Fieber, und der Kinderarzt empfahl, ihn nicht zu füttern, sondern alle paar Stunden zu stillen.

«Es gab doch keine wichtigen Termine und nichts, was ich nicht nacharbeiten könnte», sagt meine Freundin.

«Ja, aber es könnte doch jederzeit wieder passieren, oder?»

Jeder kann krank werden, aber bei Müttern sind es schon zwei, die krank werden können. Viele berufstätige Frauen lösen das so: Sie nehmen frei, wenn ihr Kind krank ist. Sind sie selbst krank, schleppen sie sich trotzdem zur Arbeit. Aber auch hier macht die Gleichberechtigung Fortschritte. Als ich nach meiner Elternzeit einen neuen Arbeitsvertrag unterschreibe, entdecke ich darin den Passus: «Eine Gehaltsfortzahlung bei Erkrankung eines Kindes findet nicht statt.»

Dreifach schwer: Die Berufstätige kämpft nicht nur mit der Mama in ihr und der Mama in den Augen der Kollegen. Da ist noch jemand, der sie mit Anrufen terrorisiert, moralischen Druck auf sie ausübt und sie ständig daran erinnert, welch große Gnade es ist, dass sie wieder arbeiten darf. Das bin ich. Ich lasse keine Gelegenheit aus, um ihre klarzumachen, dass zu Hause ein hilfloses Geschöpf ihrer Hilfe dringend bedarf. Nämlich ich.

Das tue ich nicht aus böser Absicht.

Wenn ich mit dem Jungen allein zu Hause bin, kommt nach einer Weile der Moment, an dem ich nicht mehr weiterweiß. Warum isst er nicht, obwohl er vor Hunger weint? Warum hört er nicht auf zu weinen, obwohl er trocken, ausgeschlafen und satt ist? Warum mag er ausgerechnet an dem Tag, an dem ich einen Text abgeben muss, nur spielen, wenn ich mit ihm auf dem Boden liege? Warum bringe ich nach ein paar Stunden Weinen einfach nicht mehr die Ruhe auf, ihn weiter zu wiegen? Der Moment, an dem ich allein nicht mehr weiterweiß, kommt im ersten Monat oft schon nach zwei oder drei Stunden. Dann brauche ich einen Ratschlag oder nur beruhigende Worte. Oder jemanden, den ich anschreien kann. Da keiner da ist, schreie ich durchs Telefon.

«Hallo?»

«Sag mal, hast du gestern seine Flasche nicht ausgespült?»

«Ach, du schon wieder. Wie geht es euch denn?»

«Ich hab dich gefragt, ob du die Flasche nicht ausgespült hast!»

«He, beruhig dich mal, was für eine Flasche?»

«Die verdammte Teeflasche, welche denn sonst!? Die ist jetzt nämlich total verklebt, da kann der Junge nicht draus trinken, und er schreit wie am Spieß, und seine Mutter ist ja nicht da, um ihn zu trösten …»

Diesen Dialog schreibe ich der Ehrlichkeit halber auf. Und weil meine Freundin dieses Kapitel durchsehen wird, bevor es in Druck geht. Am Anfang ihres Wiedereinstiegs in den Job haben wir täglich bis zu achtmal telefoniert und uns abends deswegen gestritten. Irgendwann haben wir dann eine Vereinbarung getroffen: Ich darf sie – außer in Notfällen – nur noch zweimal anrufen. Von diesen zwei Anrufen muss mindestens einer ein freundlicher sein: Ich erzähle ihr dann, wie gut es dem Jungen geht und was er gerade Niedliches angestellt hat.

Bleibt nur noch ein Anschreien pro Tag. Ich versuche

herauszuhandeln, dass ich Anschrei-Anrufe aufsparen kann. Nach drei guten, anschreifreien Tagen könnte ich dann an einem schlechten Tag gleich viermal schreien. Darauf lässt sich meine Freundin ebenso wenig ein wie darauf, mir einen Anschrei-Dispo einzuräumen. Sie meint, ich würde sowieso permanent überziehen.

Die ersten Wochen nach ihrer Babypause sind wohl die härtesten für mich, vielleicht die härtesten für den Jungen und ganz bestimmt die härtesten im Berufsleben meiner Freundin. Dann wird es langsam besser: Ihre Kollegen lernen, dass auch Mütter Interessen und Kenntnisse haben, die nichts mit Kindern zu tun haben. Und ich lerne, die häuslichen Probleme ohne Telefonterror zu bewältigen. Und irgendwann sieht sogar meine Freundin ein, dass es Zeit ist abzustillen.

Sie hat nämlich nicht nur versucht, Mutterschaft und Beruf zu verbinden. Sie wollte auch Stillen und Beruf verbinden. Das ist objektiv schwierig. Denn Stillen ist eine Angelegenheit, die sich der modernen, von beiden Partnern getragenen Kinderbetreuung radikal entzieht: Stillen ist nun wirklich Frauensache. Gestillt werden nicht. Der kleine Junge, der morgens und abends Milch aus den Brüsten meiner Freundin trinkt, tut dies durchaus männlich: Er saugt so kräftig, dass es meine Freundin manchmal schmerzt. Danach grunzt er wohlig. Manchmal muss er aufstoßen, dann sagt meine Freundin: «Na, hast du wieder einen über den Durst getrunken?»

Stillen macht alle glücklich. Den Kleinen sowieso. Meine Freundin, weil sie sich morgens noch einmal ganz als Mutter fühlt. Und mich, weil ich weiß, dass sie spätestens um 19 Uhr zu Hause sein muss und ich mich nicht ums Abendessen und um das Ins-Bett-Bringen kümmern muss.

Stillen macht alle glücklich. Außer wenn es ausfällt. Stillen, das ausfällt, ist der Horror. Bis um sieben hat der Junge nur seine Mutter vermisst. Jetzt vermisst er ihre Brüste. Das ist schlimmer. Viel schlimmer. Das leise nach seiner Mutter weinende, zerbrechliche Geschöpf verwandelt sich in einen laut nach Milch schreienden, um sich schlagenden Wutklumpen. Jetzt ist es Zeit für das letzte Mittel. Genauer gesagt: für die zwei letzten Mittel.

Erstens: Der Griff zum Telefon. Sie hat ihren Anrufbeantworter eingeschaltet. «Du musst ihn stillen», spreche ich auf das Band. «Komm nach Hause. Sofort! Du musst ihn stillen. Stillen. Stillen!» Kein Wort in keiner Sprache dieser Welt könnte mein Bedürfnis angesichts des immer noch schreienden Kindes präziser ausdrücken.

Zweitens: Der Griff ins Eisfach. Dort liegt nicht nur die Flasche mit dem Wodka, der mir jetzt auch gut tun würde. Dort liegt auch die eiserne Ration. Die Rettung in der Not. Kleine, tiefgefrorene Plastiktütchen, voll mit einem weißen Stoff, für Menschen, die so verzweifelt sind wie ich. Die Erlösung in Portionen zu fünfzig Gramm: tiefgefrorene Muttermilch.

Sie hat abgepumpt. Das Abpumpen von Muttermilch gehört auch zu den ganz besonderen Erfahrungen von jungen Müttern, die arbeiten wollen. Statt des Babys wird eine Handpumpe oder sogar eine kleine elektrische Pumpe angesetzt. Am Anfang kommt sich meine Freundin dabei ein bisschen seltsam vor, obwohl das Wort «Melken» in der Apotheke und in der Bedienungsanleitung tunlichst vermieden wurde. Die so gewonnene Milch wird datiert und in kleinen Portionen eingefroren. Ohne diese kleinen Beutel wäre ich jetzt am Ende. Wahrscheinlich würde ich mir den schreienden Wutklumpen unter den Arm klemmen, auf den nächsten Spielplatz rennen und irgendeine junge Mutter mit prallen Brüsten anflehen oder unter Androhung körperlicher Gewalt nötigen, meinem Kind zu geben, wonach es ihn verlangt und mich. Ihn nach Milch und mich nach Ruhe.

Davon phantasiere ich, während ich darauf warte, dass ein faustgroßer Block weißen Eises sich im Topf auf dem Gasherd zurückverwandelt in Muttermilch. Das tut er nach einer gefühlten Ewigkeit, und ich schaffe es, den begehrten Saft in eine Flasche zu füllen, ohne zu viel zu verschütten und mich zu schwer zu verbrennen.

Endlich, er trinkt! Nun ja, er probiert erst einmal. Dann verzieht er das Gesicht. Und brüllt wieder. Aber diesmal klingt es weniger nach Verzweiflung als nach Protest: Du hast mir alten, aufgewärmten Mist angedreht! Einmal heult er noch auf, dann trinkt er alles aus. Als er fertig ist, ist er tatsächlich gestillt. In dem Sinne, dass er still ist. Aber er hat nicht glücklich gegrunzt, und sein Gesicht strahlt nicht vor Behagen wie nach der authentischen Erfahrung. Im Gegenteil: Er ist sauer auf mich und lässt es mich den Rest des Abends spüren. Schlafen will er auch nicht.

Und die Mama? Konnte nicht früher von einem Termin aufbrechen. Der war auch noch unangenehm. Und nun ist sie unzufrieden, müde und zerschlagen. Wie der Kleine. Aber die beiden haben etwas, was sie doch glücklich ins Bett kommen lässt. Wenige Minuten später schlafen sie schon. Er hat sein Mündchen noch an ihrer Brust. Beide lächeln.

Und ich? Ich räume den Topf vom Herd, wische über die Arbeitsplatte und lege einen zweiten Beutel Muttermilch zurück ins Eisfach. Da fällt mein Blick auf die Wodkaflasche. Und fast ist mir, als lächele sie auch.

Trinkend denke ich: Arbeit und Stillen ist zu viel verlangt. Vom Kind. Vom Mann. Und vor allem von der Frau. Aber sie will es doch! Der unerreichbare Anspruch an sich selbst ist ein typisches Phänomen des heutigen Selbstverwirklichungskapitalismus! Frühere Generationen wären gar nicht auf die Idee gekommen. Meine Mutter stillte in den Siebzigern ab, bevor sie wieder arbeiten ging – dabei löste sie als junge Lehrerin meine Kinderfrau zu einer Zeit ab, bei der meine Freundin heute erst an die Mittagspause denken kann.

Meine Freundin war wie die meisten DDR-Babys schon mit zwei Monaten in einer Kita – an Stillen war da nicht zu denken. Ihre Mutter kann unser Problem überhaupt nicht nachvollziehen. Es gebe doch gute Ersatzmilch heute. Und bei ihr hat sogar das auf wenige Tage beschränkte Stillen zu einer schmerzhaften Brustentzündung geführt.

Unser Sohn hat in den ersten Tagen seines Lebens die Brüste meiner Freundin regelrecht zerbissen. Aber sie hat weitergestillt – unter Schmerzen mit Latexhütchen auf den Brustwarzen. Das machen viele junge Mütter heute. Später versuchen sie, sich nicht wie frühere Frauengenerationen zwischen Arbeit und Familie aufzuteilen, sondern beides total zu machen: Kind und Karriere. Und sogar: Beruf und Brust.

«So geht das nicht weiter», sage ich am nächsten Tag zu meiner Freundin. «Du musst abstillen. Ich habe keine Lust mehr auf das Theater, wenn du zu spät nach Hause kommst.»

«Ja, ich weiß. Aber ich will nicht. Das ist nämlich der einzige Moment, bei dem ich den Jungen noch für mich habe.»

Sie hat Angst. Bisher war sie die erste Adresse für Trost, um nach Stürzen den Schmerz wegzupusten und in den Schlaf zu wiegen. Aber das mache ich ja jetzt tagsüber. Wird der Junge künftig nicht mehr zu ihr laufen, sondern nur noch zu mir?

Es klingt für Nichteltern unwichtig, ob sich der Vater oder die Mutter zur primären Vertrauensperson entwickelt. Genau das stellt nämlich manche Paare vor eine echte Bewährungsprobe. Manche Männer, die sich in der Rolle des fortschrittlichen Vaters gefallen, genießen und zelebrieren die neue Verantwortung. Wenn sie schon im Büro nichts mehr zu melden haben, wollen sie wenigstens die heimische Hierarchie dominieren. Und manche Frau, die sich gerade zurück in ihre Arbeit kämpft, merkt erst im Moment des Verlustes: Die Mutterrolle hatte auch ihre Vorteile.

Mama möchte Mama bleiben? Gern! Sobald sie nach Hause kommt, gehört alle Verantwortung ihr. Dann wird der Junge betuttelt, gehätschelt, liebkost und geherzt wie der einzige Nachwuchs einer chinesischen Großfamilie. Mama will dann windeln, baden und ins Bett bringen. Ich nehme mich in den Abendstunden und am Wochenende ein wenig zurück, sitze auf dem Balkon, lese oder mache ein Bier auf. Und wenn ich den ersten Schluck getrunken habe, schaue ich in den Sonnenuntergang und denke dabei: Was macht man nicht alles für seine Freundin!

Nach einem Monat Elternzeit beabsichtige ich ein Gespräch zu führen, in dem ich Komplimente für sie und Eigenlob zu einem beziehungsstabilisierenden Diskurs zusammenrühre. Ich beginne mit: «Eigentlich hat sich doch alles gut eingespielt, findest du nicht?»

«Doch, schon», sagt sie.

«Ich meine, du arbeitest. Und du verbringst trotzdem noch Zeit mit dem Kind. Das ist doch toll.»

«Hm. Ja.»

An diesem Punkt des Gesprächs hätte ich mir deutlich mehr Begeisterung gewünscht. Ein wenig genervt frage ich nach: «Was willst du denn noch?»

«Vielleicht mal schwimmen gehen können. Oder einen Abend in der Woche nach der Arbeit die Füße hochlegen und nichts tun. Oder wenigstens mir in Ruhe die Schuhe ausziehen können, wenn ich nach Hause komme, bevor mich das Kind anspringt.»

Ich überlege kurz, ob ich jetzt sage: «Tja, man kann nicht alles haben» oder: «Wer wollte denn wieder arbeiten gehen?» Andererseits hat sie wirklich diese eingefallenen Wangen, seit sie wieder arbeiten geht. Wir verabreden eine Erholungs-Halbestunde. Kommt sie um sieben, kriegt sie das Kind erst um halb acht und kann bis dahin duschen oder auf dem Balkon lesen oder mit einer Freundin telefonieren. Diese Regelung erscheint uns so menschlich wie praktikabel.

Aber da haben wir die Rechnung ohne das Kind gemacht! Einen Einjährigen kann man mit viel Geduld überzeugen, dass er auch eine halbe Stunde ohne Mama glücklich sein kann. Aber nicht, wenn Mama den ganzen Tag weg war und gerade erst nach Hause gekommen ist. Hört er nur ihre Schritte auf dem Flur, lässt er alles fallen und läuft zur Tür. Er will auf ihren Arm. Sofort. Und keine Pädagogik der Welt kann ihm erklären, warum Mama erst noch durchschnaufen muss, duschen oder wenigstens die Schuhe ausziehen.

Also keine Erholungs-Halbestunde, sondern ein Erholungsabend. Mittwochabend. An den anderen Wochentagen schaltet meine Freundin ohne Verschnaufpause von Mama auf Beruf um und zurück. Aber am Mittwoch verabredet sie sich direkt nach der Arbeit zum Kino oder in die Sauna und kommt erst heim, wenn er schon schläft. Der Mittwoch ist ihr Tag. Außer wenn Mittwoch die Champions League spielt.

Mit diesem Arrangement können mein Sohn und ich prima leben. Und unsere karrieresüchtige Rabenmutter irgendwie auch. Wahrscheinlich hält sie das schlechte Gewissen aufrecht.

Kind da, Geld weg

Mein Sohn ist kaum geboren, schon wollen seine Großeltern ihm etwas Gutes tun. Ob wir nicht etwas brauchen, für den Haushalt oder die Wohnung, jetzt, wo der Kleine da sei, will mein Vater wissen. Sie würden uns gerne etwas schenken. Spontan weiß ich nichts, und meine Freundin, die gerade mit dem Kleinen aus dem Krankenhaus entlassen wurde, mag ich nicht wecken. Aber wie ich sie so daliegen sehe, blass und abgekämpft, fast ein wenig ausgezehrt, fällt mir doch etwas ein: «Schenk uns eine gute Pfanne, Papa, eine gute Pfanne, in der man Steaks braten kann.»

Die Steakpfanne ist super. Wir essen seitdem jeder zwei bis drei Steaks die Woche. Der Junge wird immer größer, die Mutter kräftiger und ich dicker. So weit alles in Ordnung. Allerdings habe ich unseren Bedarf an häuslicher Infrastruktur grundfalsch eingeschätzt. Ein Kind zeitigt nämlich Folgeinvestitionen – und das nicht zu knapp. Und immer, wenn ich meine Kreditkarte hinüberreiche oder eine Rechnung bezahle, denke ich: Und ich Idiot habe mich für eine Steakpfanne entschieden!

Familien brauchen Dinge, Geräte und Maschinen, die ihnen helfen. Familienmaschinen. Nicht eine, sondern viele. Was eben noch eine Wohnung war, ist schon bald nur noch ein Standort für den Familienmaschinenpark. Und sie müssen nicht nur angeschafft und angeschlossen werden, sondern auch noch bezahlt.

Anschaffung 1:
Aufblasbare Wickelunterlage (9,90 Euro)

Die erste Anschaffung steht an, als unser Kind erst wenige Tage auf der Welt ist. Ich bin noch ganz euphorisch, und so merke ich zu spät: Das ist der Moment, in dem ich endgültig meine Würde verliere. Vätern wird der Hochmut nämlich nicht im Kreißsaal oder im Standesamt ausgetrieben, sondern dort, wo deutsche Männer seit Generationen kleingemacht werden. In der Armee? Nein. In der Schule? Ach was. Vor dem Finanzamt? I wo. Bei: Ikea.

Über Ikea zu schreiben ist problematisch. Denn Scherze über das Zusammenschrauben von Möbeln, über niedliche Namen von Lattenrosten und einen Katalog, der einen duzt, fallen nur auf den Urheber zurück. Über Ikea spottet nur, wer etwas zu kompensieren hat. Habe ich etwas zu kompensieren? Und ob!

Erstens: Ich verdiene nicht genug Geld, um meine Regale woanders zu kaufen.

Zweitens: Wenn ich genug Geld verdienen würde, um meine Regale woanders zu kaufen, wüsste ich gar nicht, wo man Regale bekommt. Außer bei Ikea.

Drittens: Ich kaufe nicht nur bei Ikea, weil es praktisch ist. Ich esse auch bei Ikea, weil es praktisch ist. Immer das gleiche: Köttbullar-Klopse mit brauner Soße, für uns um 15 Prozent reduziert für 5 Euro 10 statt 6 Euro, weil wir eine Family-Card haben.

«Bitte, bitte, lass uns wenigstens so tun, als hätten wir keine Family-Card», bettle ich meine Freundin immer an: «Dann gehören wir nicht ganz so offensichtlich dazu.»

«Wieso? Ist doch praktisch», sagt sie dann.

Manchmal antworte ich dann gehässig und völlig deplatziert: «Damals war es auch praktisch, in die FDJ einzutreten, was?» Und dann sagt sie schnippisch: «Ja, obwohl es da nur Königsberger Klopse gab. Mit Köttbullar wäre ich immer noch drin.»

An meine Ohnmacht gegenüber Ikea habe ich mich gewöhnt, wie man sich irgendwann damit abfindet, dass es meist regnet und Bayern München wieder Deutscher Meister wird.

Aber dann bin ich zum ersten Mal in meinem Leben allein bei Ikea. Ich bin in Eile. Eine aufblasbare Wickelunterlage fehlt, außerdem eine Lampe, Glühbirnen und faltbare Kisten. Schnell raffe ich die Artikel zusammen, zu Hause warten schreiend Mutter und Kind. Kochen muss ich auch noch. Und aufräumen.

Da kommt mir eine schreckliche Idee. Niemals hätte ich es für möglich gehalten, dass ein Mensch fähig ist, sich so zu erniedrigen. Falschen Trost spendet der Gedanke, ich sei unbeobachtet. Ich stelle mich beim Ikea-Restaurant in die Reihe, blicke mich ein letztes Mal verstohlen um, ob mich hier auch wirklich keiner kennt, reiße dann schnell eine bisher unter dem Mantel verborgene Tupperdose hervor und bitte den Angestellten hinter der Theke mit gepresster Stimme: «Können Sie mir die Köttbullar auch zum Mitnehmen geben?»

Der Mann in Ikea-Uniform schaut mich mitleidig an: «Tut mir leid. Das ist gegen die Vorschriften.»

Ich verzweifle. Wie tief bin ich gesunken: Ich bitte in einem Pappmöbelgeschäft um Pappklöße und muss mich von einem Pappkameraden abwimmeln lassen.

«Es ist ein Notfall. Wir haben ein Neugeborenes. Tun Sie's für das Baby», wimmere ich.

«Tut mir leid. Vorschriften», sagt der Scherge.

Schließlich kaufe ich die Köttbullar-Klöpse dann auf einem Teller und fülle sie am Tisch heimlich in die Tupperdose. Dann stehle ich mich hinaus. Ich bezahle: Mit sechs

Euro und meiner Würde. Dass wir eine Familienkarte besitzen, habe ich ganz vergessen.

Anschaffung 2:
Spülmaschine (399,– Euro)

Ich spüre es schon, als sie an meiner Wohnungstür klingeln. Das Gefühl eines unwiederbringlichen Verlustes befällt mich. So muss ein leidenschaftlicher Fußballer den dritten Kreuzbandriss empfinden. Oder eine talentierte Ballerina den zu großen Busen, der ihr in der Pubertät unverhofft wächst. Oder ein Kinderstar den Stimmbruch. Trotzdem mache ich auf, und zwei kräftige Männer in roter Arbeitskleidung wuchten ein riesiges Elektrogerät in meine Wohnung im dritten Stock. Die SE24M256EU ist da. Ich quittiere meine Niederlage mit einer Unterschrift.

Es ist vorbei. Für immer.

Wir haben jetzt eine Spülmaschine.

Ich weiß, normale Menschen finden Spülen scheußlich oder mindestens nervig. Auch ich war einmal so ein normaler Mensch. Als Student achtete ich sogar darauf, dass in meinen WGs immer mindestens eine Frau wohnte, die sich mehr vor Speiseresten und verschimmelten Tellern ekelte als ich selbst. Das perfide Okay-ich-war-dran-aber-du-warst-schneller-selbst-schuld-Prinzip hat zwei Tiermedizinerinnen, eine Biologin und eine Lehramtsstudentin in rascher Abfolge verschlissen. Mit verdammt wenig Spülen bin ich bis kurz vors Diplom gekommen.

So ein gemeines Verhalten schaut sich der liebe Gott natürlich nicht ewig an: Meine Strafe war die Frau, die noch besser weggucken konnte als ich, die manchmal die Küche Monate nicht betrat und deren Speisereste so weit entwickelt waren, dass sie eindeutige Anzeichen von intelligentem Leben ausprägten. Und ich wurde wirklich gestraft: Die, die nie spült, zog nicht nur in meine Wohnung ein, sondern auch in mein Leben.

Und so habe ich dann immer hinter ihr hergespült. Die Länder, Orte und Schwämme wechselten, der Spüler blieb. Das fand meine Freundin natürlich toll – ein paar Jahre lang. Dann wurde sie skeptisch und hat mich gefragt, ob etwas mit mir nicht stimmt. Ich habe ihr erklärt: Mit dem Spülen ist es wie mit dem Whiskey. Der erste schmeckt nie. Aber irgendwann hat man sich weise getrunken.

Betrachten wir es realistisch: Spülen ist eine ruhige, unzweifelhaft sinnvolle Tätigkeit. Von welcher Arbeit kann man das noch behaupten? Man kann beim Spülen denken. Und die Finger sind angenehm lauwarm. CDs kann man natürlich auch hören beim Spülen. Bestimmte CDs kann ich nur beim Spülen hören: Neben dem Lappen, der Fit-Flasche und dem Scotch-Britt-Topfreiniger liegen bei mir seit Jahren die Gesänge von Taizé sowie die Hörbücher «Lutz Görners deutsche Balladen für Kinder» und «100 Schalker Jahre – gelesen von Werner Hansch». Irgendwann hat meine Freundin mir zu Weihnachten einen teuren Funk-Kopfhörer für die Stereoanlage geschenkt.

Und Spülen wird – anders als Sex – mit den Jahren wirklich immer besser: Denn der Alltag wird ja immer voller, man rennt und hetzt immer mehr und muss sich für jede Minute Entspannung rechtfertigen. Fürs Spülen nie. Spülen braucht keine Begründung. Gespült werden muss immer.

So ging es viele gute Jahre, und ich hätte immer so weiterspülen können. Doch was dem Menschen am sichersten scheint, wird ihm am ehesten genommen: Plötzlich gibt es ein Kind, das sich langweilt und quengelt, wenn Papa schon wieder spült. Plötzlich werden Rationalisierungsmaßnahmen überlegt. Und dann ist der Zauber dahin.

Im Geschäft habe ich noch genörgelt, von wegen hoher Energie und Wasserverbrauch und Ökobilanz und so. Vergeblich: Jetzt ist die Spülmaschine da. Sie erkennt den Härtegrat des Wassers und passt die Spülmittelkonzentration an. Außerdem hat sie einen Turbogang für Gläser nach Partys. Da kann ich natürlich nicht mithalten. Das Kind steht auch schon eine halbe Stunde fasziniert vor all den Knöpfen. Aber ich bin sicher, die SE24M256EU hört nicht die Gesänge von Taizé.

Anschaffung 3:
Auto (4700,– Euro)

Und dann ist da noch das Auto. Eigentlich habe ich es schon vor der Spülmaschine und vor dem Kram von Ikea gekauft. Ich schreibe diese Investition trotzdem zuletzt auf, weil sie mir am schwersten gefallen ist.

Nicht wegen der Summe. Ich würde auch mehr Geld für ein Auto ausgeben.

Wenn ich mehr hätte.

Habe ich aber nicht. Und meine Freundin auch nicht. Wir sind nicht so arm, dass wir uns kein Auto leisten können. Aber wir sind doch so arm, dass wir uns kein Auto leisten können, das wir gerne fahren würden. Meine Freundin hat da nämlich sehr konkrete Vorstellungen.

Ihr Traumauto ist a) schnittig, b) schnell und c) in Italien hergestellt worden.

Falls Unklarheit herrschen sollte, was die Adjektive «schnittig» und «schnell» in Bezug auf Autos konkret bedeuten, verrate ich so viel: Ein Fiat ist nicht gemeint. Nun wäre es schon schwierig genug, ihre Vorstellungen über ein Auto mit den Vorstellungen unserer Girokonten auf einen Nenner zu bringen. Aber ich bin ja auch noch da. Und ich weiß auch, was ich von einem Auto will.

Das Auto meiner Träume zeichnet sich dadurch aus, dass ich a) nicht daran herumschrauben muss, b) nicht daran herumschrauben muss und c) nicht daran herumschrauben muss.

Unsere Vorstellungen sind bei diesem Thema eindeutig unvereinbar. Nicht nur deshalb umgehen wir das Thema Autokauf seit Jahren: Es ist ein echter wunder Punkt in unserer Beziehung. Sie meint nämlich, echte Männer unterhalten auch ohne Geld ein aufregendes Auto. Das ist dann eben ein bisschen älter. Wenn es kaputtgeht, zieht der Mann einfach ein altes Feinripp-Unterhemd mit Ölflecken an und legt sich unter das Auto. Anschließend ist er dreckig, trinkt ein Flaschenbier, und das Auto fährt wieder. Echte Männer sollten so etwas können, findet meine Freundin.

Ehrlich gesagt, ich finde das auch. Das Problem ist nur: Ich kann es nicht. Das ist nicht meine Schuld. Mein Großvater hatte keinen Führerschein. Und mein Vater fährt immer Neuwagen und ruft den ADAC, wenn ein Lämpchen im Armaturenbrett leuchtet. Als Autodidakt habe ich mir schon mühsam die Fähigkeit zu tanken angeeignet, Scheibenwischerflüssigkeit nachzufüllen und den Ölstand abzulesen. Und in Afrika habe ich einmal gesehen, wie jemand einen Reifen wechselte. Mehr Auto kann ich nicht.

Das ist nie weiter aufgefallen, denn bisher hatten wir uns mit öffentlichen Verkehrsmitteln und Fahrrädern ganz gut eingerichtet. Brauchten wir doch einen Wagen, haben wir ihn ohne Hemmungen von Freunden geliehen, denen wir uns als ökologische Autoverweigerer selbstverständlich moralisch überlegen fühlten. Aber das Kind ändert alles. Jetzt müssen wir nicht mehr nur uns durch die Gegend bewegen, sondern auch noch ein Kind, einen Kindersitz, einen Kinderwagen, die Notfalltasche mit dem Windelset, die Tasche mit dem Sandspielzeug, das Lieblingsbilderbuch, das Lieblingskuscheltier, die Zwiebackdose und die Trinkflasche. Kind ohne Auto geht nicht. Außer man möchte als Familie auf einem Tandem plus Kindersitz und angehängtem Bollerwagen unterwegs sein. Aber das ist es – Öko hin, Öko her – dann ja vielleicht doch nicht.

Leider ist der Autokauf mit dem Kind zwar dringlicher geworden, aber nicht leichter. Denn auch der Junge hat Ansprüche an einen Wagen. Er kann sie nur noch nicht artikulieren. Das übernimmt ein Freund, ebenso erfahrener Autofahrer wie Vater für ihn: «Ihr braucht viel Stauraum. Mit Kindern ist man immer mit tausend Sachen unterwegs. Und für den Kinderwagen braucht man besonders viel Platz. Kurz: Ihr braucht einen Kombi», rät er.

«Kombi? Das sind doch diese Autos mit dem fetten Arsch», sagt meine Freundin entsetzt.

«Genau. Und als verantwortliche Eltern braucht man heutzutage natürlich ABS, sonst macht man sich ein Leben lang Vorwürfe, wenn bei einem Unfall etwas passiert. Und ihr könntet auch darüber nachdenken, einen Diesel zu kaufen. Das rechnet sich steuerlich.»

In den Augen meiner Freundin zeichnet sich Verachtung ab: Wer wird denn bei Autos über etwas so Profanes wie Bremsen oder Steuern reden! Überhaupt: Niemand in unserem Bekanntenkreis fährt einen Kombi.

Das stimmt. Aber in meiner Kindheit habe ich oft in Kombis gesessen. Meine Eltern hatten einen roten VW Passat. Andere Lehrerfamilien fuhren Volvo. Die klassischen Volvo-Modelle, von denen man sagte, ihre Karosserie sei nicht aus Blech, sondern aus echtem Schwedenstahl. «Fährst du damit in die Leitplanke, dann fliegt die Leitplanke weg, und du fährst einfach weiter», versicherten sich Volvo-Fahrer gegenseitig. Ich hege eine gewisse Affinität zu dem Spruch, seit ich mit neunzehn Jahren auf der A2 von Bochum nach

Köln bei Sprockhövel und Tempo 160 mit dem japanischen Kleinwagen meiner Mutter von der Fahrbahn abkam und die Leitplanke mitnichten wegflog.

Also, wenn Kombi, dann Volvo, denke dich. Aber schon eine schnelle Recherche belehrt mich eines Besseren. Volvo baut heutzutage keine Autos mehr, die sicherer sind als andere. Volvo baut auch keine Autos mehr, die sicherer aussehen als andere. Volvo baut nicht einmal mehr Autos, die aussehen wie Volvos. Auch meine Freundin hat desillusionierende Erkundigungen eingezogen: Alfa Romeo hat noch nie Kombis gebaut.

Nach intensivem Studium der Webseiten diverser Gebrauchtwarenhändler wird uns klar: Wir können uns nur ein Auto aus dem Osten leisten. Einen Trabant? Einen Wartburg? Einen Wolga? Ist das unser Ernst? Nein. Diese Zeiten sind vorbei – auch in Ostberlin. Es gibt jetzt eine andere Automarke, die dort und in den fünf neuen Ländern besonders beliebt ist, weil sie ein sehr günstiges Preis-Leistungs-Verhältnis hat: Suzuki.

Machen die auch Autos?

Das habe ich mich zuerst auch gefragt. Und als ich einen Blick unter die Motorhaube werfe, frage ich mich es gleich noch einmal. Aber es stimmt. Suzuki, die Motorradfirma aus Japan, stellt auch Automobile her und sogar einen Kombi. Seit einigen Jahren versuchen sie mit günstigen Angeboten den deutschen Markt zu erobern. Da es noch keine eingeschworene Suzuki-Gemeinde gibt, sind die Gebrauchtwagen besonders günstig – erzählt uns jedenfalls der Mann vom Suzuki-Autohaus.

Wir greifen zu.

Wir fahren jetzt den einzigen Kombi, der mit einem Motorrad-Motor betrieben wird. Aber rasen sollten Eltern ja sowieso nicht. Für einen Kombi ist er sehr klein. Aber unsere Familie ist ja auch noch klein. Im Kollegenkreis werde ich ein wenig belächelt – das ist immer noch besser als Mitleid.

Nein, wir lassen uns nicht irre machen. Wir müssen den Wagen als unser Auto annehmen. Für mich bringe ich einen Schalke-04-Aufkleber unter der Heckscheibe an. Und für meine Freundin habe ich etwas besorgt, was ihrem neuen Wagen doch noch südlichen Charme verleiht – die italienische Version des «Baby an Bord»-Aufklebers:

«Bimbo a bordo.»

Unter Eltern

Als frische Eltern werden wir überall beglückwünscht.

Fast überall. «Wie könnt ihr mir das nur antun?», sagt unsere Freundin G. ehrlich entsetzt. Wir staunen, denn G. hat selbst einen festen Lebenspartner und zwei Kinder, und bei ihren Einladungen haben wir in den letzten Jahren nur Leute getroffen, die auch Kinder haben.

«Das ist es ja gerade!», erklärt G. «Früher ging ich unter Leute, heute gehe ich nur noch unter Eltern.» Bevor ihre Kinder kamen, erinnert sie sich wehmütig, sei sie gerade auf dem Sprung vom Szenefeger zum echten Societygirl gewesen. «Und plötzlich kennst du nur noch Leute mit Kindern: Du triffst dich mit ihnen nachmittags am Spielplatz, abends zum Essen, und irgendwann fährst du mit zwei Kombis, vier Eltern und sechs Kindern in ein Ferienhäuschen nach Dänemark. Dort wollt ihr grillen, aber weil es regnet, macht ihr vierzehn Tage lang Gesellschaftsspiele.» Früher hat sie über Pärchenabende gespottet, heute hegt sie ihre letzten kinderlosen Freunde – das sind wir. Waren wir. G. ist wirklich geknickt.

Aber hat sie auch recht? Können Menschen tatsächlich dadurch vereinsamen, dass sie nie mehr allein sind? Diese Angst ist erstaunlich weit verbreitet. Viele Leute fürchten die Vorstellung, Kinder zu bekommen, weit weniger als die Vorstellung, Eltern zu werden. Früher drohte die soziale Isolation vor allem den bemitleidenswerten Hausfrau-und-Mutter-Geschöpfen. Sie vollzog sich in fünf Stufen:

Stufe 1: Die Frau hörte auf zu arbeiten und verlor den Kontakt zu Kollegen und Geschäftspartnern und allen anderen Menschen – außer dem Briefträger.

Stufe 2: Abends musste sie Liedchen singen und die Tobespuren in der Wohnung beseitigen. Daher konnte sie auch keinen interessanten Hobbys mehr nachgehen und traf auch in ihrer Freizeit keine interessanten Menschen mehr.

Stufe 3: Weil sie abends nur noch von den kindlichen Ess-, Schlaf- und Stuhlgewohnheiten des Babys erzählte, redete bald auch ihr Mann nicht mehr mit ihr.

Stufe 4: Mangels Alternative diskutierte sie also über das neue Buch von Günter Grass, die Gefährdung des Weltfriedens durch die amerikanische Außenpolitik und die Missachtung des Flurputzplanes durch die Nachbarn nur noch mit ihrem Kind. Nach einem Jahr hatten Mutter und Kind das gleiche sprachliche Niveau.

Stufe 5: Wenn das Kind vierzehn Jahre alt wurde, fand es, seine Mutter sei infantil, und sprach bei den Mahlzeiten nicht mehr mit ihr.

Das gibt es heute nur noch als Schreckensszenario in der feministischen Folklore. Moderne Eltern können sich die Erziehungsarbeit teilen. Dann haben sie wenigstens untereinander immer etwas zu besprechen. Und sie können sich mit anderen Eltern austauschen, um der sozialen Isolation zu entgehen. Manche meinen, das sei allerdings auch der einzige Grund, warum sich jemand freiwillig mit Eltern unterhält.

Von wegen.

«Wir Eltern müssen zusammenhalten», meint ein Freund, der als Historiker arbeitet. «Als ich Vater wurde, hatte ich plötzlich Verbündete im Institut, die ich vorher kaum kannte. Sie haben mir immer mal wieder einen Gefallen getan und geholfen: Meinen Vortrag an den Anfang der Tagung gelegt, damit ich abends eventuell schneller gehen konnte.

Mir als einem der Ersten den Urlaubsplan vorgelegt und meine Themen auf den Konferenzen starkgeredet.» Unser Historikerfreund meint, dies sei ein junger Trend: «Das gab es in vorigen Generationen noch nicht. So verhalten sich Eltern erst, seit sie im akademischen Betrieb eine Minderheit geworden sind. Die gegenseitige Hilfe ist doch geradezu das klassische Verhalten von Minoritäten. Guck dir die Homosexuellen an: Die haben auf diese Weise in Großstädten mittlerweile große Teile der Medien, des Kulturbetriebs und der Volksparteien unter ihre, äh, Pardon, Fuchtel gebracht. Genau so müssen wir das auch machen!»

Eltern-Netzwerke? Eltern-Klüngel? Eltern-Mafia gar? Oder doch: Eltern, die langweiligsten Leute der Welt? Reicht die Gemeinsamkeit, Kinder zu haben, aus, um die Welt zu beherrschen? Oder nicht einmal dazu, ein interessantes Gespräch miteinander zu führen?

Ich mache einen Test.

Zuerst steuere ich mit meinem Jungen den Spielplatz vor unserer Haustür an. Dort bin ich, seit es wärmer geworden ist, sowieso jeden Tag. Mein Sohn und ich gehören praktisch zum Inventar, und ich winke den anwesenden Müttern und Kita-Erzieherinnen immer grüßend zu, wenn wir kommen. Geredet habe ich mit ihnen allerdings noch nie. Ich sitze vielmehr allein auf der Bank, lese Zeitung und schaue nach jedem Satz auf, ob mein Junge vom Gerüst gefallen ist.

Heute lese ich nicht, denn heute will ich ja andere Eltern kennenlernen. Ich setze mich zu zwei arabischen Müttern und lächle. Eine von ihnen lächelt zurück. Ein Lächeln unter dem Kopftuch! Für einen deutschen Mann! Wenn das kein Anfang für ein Gespräch ist – ach was, für einen Dialog der Kulturen. George W. Bush und Osama bin Laden sollten sich einfach gemeinsam mit ihren Söhnen zum Spielen treffen. Samuel Huntington wird im Sandkasten widerlegt.

So weit ist es noch nicht. Unser Gespräch, das einmal den Weltfrieden bringen soll, muss ganz vorsichtig begonnen werden. Ich sage den Satz, mit dem man Mütter immer und überall ansprechen kann:

«Na, wie heißt denn Ihr Kleiner?»

«Dschihad», sagt die Araberin.

«Oh», sage ich.

Jetzt könnte ich fragen, wie man auf die Idee kommt, seinen Sohn «Heiliger Krieg» zu nennen. Oder ich könnte ein Gespräch über Islam und Moderne beginnen oder die Integrationsperspektive von Migrantenkindern aus der dritten Generation. Aber sage ich lieber feige-verständnisvoll:

«Hm, meinen Sie nicht, er könnte Probleme bekommen, wenn er später einmal in die USA einreisen will?»

«Das ist ein ganz normaler islamischer Name», belehrt mich die junge Mutter in recht gutem und dann sehr spitzem Deutsch: «Und ich glaube, bis dahin werden die Amerikaner ganz andere Probleme haben.»

Damit ist das Gespräch für sie erledigt. Wir haben beide Söhne, und sie streiten sich sogar gerade um den gleichen Kipplaster aus Plastik. Aber den Dialog, der die kulturellen Gräben zwischen dem Westen und dem Islam überwindet, kriegen wir deswegen noch lange nicht hin.

Das war vielleicht auch ein bisschen viel verlangt.

Vorsichtig will ich das Gespräch unter Eltern erst einmal mit Menschen versuchen, die mit mir ein wenig mehr gemeinsam haben als nur ein Kind, nämlich auch den Lebensstil. Junge Eltern, die ein Café aufsuchen, von dem man auf Bäume und ein ruhig fließendes Gewässer blickt, in dem die Kinder aber trotzdem herumkrabbeln dürfen. Auch dort bin ich, wie auf dem Spielplatz, beinahe täglich. Als mein Junge tagsüber noch zwei Schläfchen macht, singe ich ihm nachmittags auf dem Weg in dieses Café immer ein eigens für uns komponiertes und gedichtetes, leicht suggestives Schlaflied:

Ich sehe ein Weizenbier.

Ich sehe die schönste Kellnerin Berlins.

Ich sehe ein glücklich schlafendes Kind.

Ich sehe eine Stunde lesen.

Meine Freundin meint, läge dieses Café nicht so nahe bei unserer Wohnung, wären wir gar nicht über den Winter gekommen. Aber jetzt ist Sommer, und längst schläft der Junge nur noch mittags. Aber das macht nichts, denn das Café hat auch einen kleinen Biergarten, darin einen kleinen Sandkasten und darin wiederum viele Spielkameraden. Und die haben viele Mütter.

Nicht irgendwelche Mütter. Dort tragen sie keine Leggins oder unförmige Pullover, sondern Jeans oder Kleidchen. Sie rauchen nicht, aber wenn, dann Nil oder Gauloise. Sind sie allein, trinken sie Espresso, sind sie zu dritt oder viert, gibt schon mal eine einen Sekt aus. Sie springen nicht erschreckt auf, wenn ihre Kinder sich schmutzig zu machen drohen. Schon eher, wenn ihre Kinder sie schmutzig machen.

In einem günstigen Moment spreche ich eine an:

«Na, wie heißen denn deine beiden Kleinen?»

«Sie heißen Rachel und Ariel.»

In jedem anderen Land könnte man jetzt vermuten, dass es sich um eine Familie mit jüdischem Hintergrund handelt. Aber nicht in Deutschland. Unsere Großväter haben die deutschen Juden umgebracht. Dafür benennen die Enkel neuerdings ihre Kinder nach ihnen. Das hat sich schon bis nach Israel herumgesprochen. Die Israelis haben sogar einen Witz darüber. Er geht so: Zwei alte SS-Männer sitzen auf einer Bank und beobachten ihre Enkel auf dem Spielplatz. Die Alten erzählen auf Deutsch von ihrer Zeit als Wachleute in Auschwitz und Majdanek und rufen zwischendurch immer: «Lea, pass auf!» und: «Oh, Jakob, musst du doch nicht gleich weinen.»

Das erzähle ich meiner frischen Sandkastenbekanntschaft im Café nicht. Aber weil ich daran denken muss, stocke ich. Die Gesprächspause ist peinlich. Anschließend reden wir nur noch aus Höflichkeit weiter. Ein echtes Gesprächsthema finde ich auch mit den Müttern in meinem Lieblingscafé nicht.

Aber vielleicht mit Vätern. Väter treffen ist gar nicht so leicht. Ich meine natürlich: Väter mit Kindern treffen. Sonst trifft man Väter ja überall. Aber auf den Spielplätzen im Umkreis gibt es nur so vereinzelte Exemplare, dass wir uns wiedererkennen und grüßen. Selbst in Kreuzberger Cafés mit angeschlossenem Sandkasten kommt auf zwanzig Mütter höchstens ein Vater mit Kind. Es gibt aber Orte, wo sich Väter mit ihren Kindern geradezu tummeln.

Das sind die «Tobe-Paradiese». Die sind nicht zu verwechseln mit Spiele-Paradiesen oder Indoor-Spielplätzen. Tobe-Paradiese sind große Hallen, die von einem Betreiber angemietet wurden und bis unter die Decke mit Spielzeug vollgestopft sind. Aber nicht irgendwelchem Spielzeug. Im Gegensatz zu kleineren, ruhigeren Indoor-Spielplätzen, wo es Bauklötze, Schaukelpferde und weiche Tücher gibt, setzt das Tobe-Paradies aufs Große, Grelle, Schrille. Hier ist Holz ein unbekannter Baustoff und «pädagogisch wertvoll» ein Fremdwort. Hier stehen riesige Hopsburgen neben Trampolinen und Ritterburgen voller bunter Plastikbälle. Selbst für die Kleinen gibt es Videospiele, große Wasserpistolen sind modernen Maschinengewehren nachempfunden. Hier wird Technopop im Hintergrund gespielt, aber das höre ich kaum, denn das Schreien und Jauchzen der Kinder übertönt alles. Hier lassen sie es richtig raus, und die Väter lehnen mit einer Zeitung oder Zeitschrift an Stehtischen und trinken ein Bier. Sind die Kinder platt und kommen zum Papa, werden sie mit Currywurst und Pommes neu aufgetankt und können weiter ausflippen. Für fünf Euro Eintritt ist Papa der Größte, und einige der Kinder brauchen am nächsten Morgen eine Extraportion Ritalin, um in der Schule ruhig sitzen zu können.

Hier will ich ein Gespräch führen? Ach was. Ich bin voll damit beschäftigt aufzupassen, dass mein Junge nicht von ekstatischen Kindern in Grund und Boden gerannt wird.

Schließlich finde ich eine ruhige Ecke für ihn: In einem mit bunten Plastikbällen gefüllten bunten Plastikhäuschen scheint er halbwegs sicher. Ich hole mir ein Pils im Wegwerfbecher und stelle mich zu einem Mann, der aussieht wie Mitte dreißig und den *Focus* liest.

«Welcher ist denn Ihr Kleiner?», sage ich.

«Der da hinten. Bei der Hüpfburg, der gerade das Mädchen im blauen Kleid am Zopf zieht.»

«Und wie heißt er?»

«Kevin», antwortet er ohne Gegenfrage.

«Ist ja doch ganz schön anstrengend hier drin», meine ich. «Sind Sie öfter hier?»

«Klar», sagt er, «im Winter, immer wenn ich den Kevin habe. Also: Jeden zweiten Samstag.»

Obwohl der Gesprächsanfang ziemlich verkorkst ist, unterhalte ich mich mit diesem Mitvater noch eine Weile. Über die Mehrwertsteuererhöhung, über die Bundesliga und darüber, dass vier Euro für ein 0,3-Bier eigentlich eine ziemliche Frechheit sind. Nur zum Thema Kinder haben wir uns nicht so viel zu sagen. Ist wohl nicht sein Thema.

Hier breche ich meinen kleinen Test ab. Eindeutig reicht die Gemeinsamkeit, ein Kind zu haben, nicht einmal für ein gutes Gespräch, geschweige denn für eine Freundschaft oder eine Interessengemeinschaft zur Erringung der Weltherrschaft.

Meine Freundin und ich beratschlagen, welche Eltern uns am liebsten sind. Wir sind uns einig: Es sind Freunde von uns, die wir schon mochten, bevor sie – und wir – ein Kind hatten. Zufällig ist ihre Tochter allerdings auch das netteste Kind, das jemand in unserem Bekanntenkreis hat. Vielleicht ist das aber auch kein Zufall. Denn Kinder werden, jedenfalls solange sie nicht weglaufen können, doch arg von den Eltern beeinflusst. Und Eltern sind vielleicht doch gar keine Spezies für sich, wie uns Elternfeinde und Elternfreunde weismachen wollen. Wer Kinder hat, ist noch lange kein nachsichtiger, freundlicher und zurückhaltender Mensch. Und wer keine hat, muss sich noch lange nicht wie ein Egoist gebärden. Auch Eltern haben die Freiheit, sich schlecht zu benehmen. Und Nichteltern können tatsächlich gute Freunde für Eltern sein – und sogar für deren Kinder.

Wir gehen im Geiste alle Eltern durch, die wir näher kennen. Und da stellen wir fest: Es gibt lockere Eltern und verbissene. Lustige und völlig humorlose. Schöne und hässliche. Kluge und dumme. Großzügige und kleinliche. Freundliche und nervende. Souveräne und überforderte. Treue und betrügerische.

Fast scheint es, als wären Eltern auch nur Menschen.

Wer hätte das gedacht.

Unter Leuten

Mit Kind kommt man also viel unter Eltern. Aber es stimmt nicht, dass man nur noch unter Eltern kommt. Man kommt auch noch unter Leute. Nur nicht unbedingt unter die gleichen Leute wie vorher. Wobei ich am Anfang auch in der Elternzeit versuche, mit meinem Arbeitsumfeld in Kontakt zu bleiben. Das wünschten meine Kollegen auch – am Anfang.

«Bring den Kleinen mit», sagt eine Kollegin, mit der ich vor meiner Pause eng zusammengearbeitet habe. «Dann können wir hier einmal sehen, für wen du uns im Stich gelassen hast.» Und ein anderer Kollege stimmt spontan zu: «O ja, kommt uns doch einmal zu zweit auf der Arbeit besuchen.»

Das ist sehr nett. Und eine wirklich schlechte Idee. Denn auf der Arbeit wird gearbeitet. Und als ich tatsächlich mit dem Jungen vorbeikomme, sind plötzlich zwei im Büro, die nicht arbeiten. Sondern den Betrieb aufhalten. Er zieht Telefonkabel aus den Buchsen. Ich habe mich aus Gewohnheit an meinen Schreibtisch gesetzt und meine Vertreterin steht verlegen im Raum. Der Chef traut sich nicht, so ins Telefon zu brüllen, wie es ein Mitarbeiter am anderen Ende der Leitung verdient hätte, weil er Angst hat, das Kind zu erschrecken. Die Mittagspause erlöst alle Beteiligten von einer Situation an der Schwelle zur Peinlichkeit.

Zur Arbeit nehme ich den Jungen nicht mehr mit. Will jemand meinen Sohn kennenlernen, verabreden wir uns im Biergarten. In unserem Alltag treffen wir keine Menschen, mit denen ich es beruflich zu tun hatte. Sondern andere Menschen. Auch das ist eine Erfahrung, die junge Eltern überrascht. Sie kommen unter Leute. Und die Leute kommen sogar zu ihnen. Es sind allerdings oft recht seltsame Leute.

Zum Beispiel auf dem Spielplatz. Dort ist es eigentlich wie auf der Arbeit. Man trifft ständig die gleichen Gestalten. Um 9 Uhr kommen – immer einzeln – die deutschen Muttis, nachdem sie den Frühstückstisch abgeräumt und eine Maschine Wäsche angesetzt haben. Um 9 Uhr 30 kommen – immer zu zweit – die türkischen Mütter. Um 10 Uhr tauchen – immer in kleinen Gruppen – die Albanerinnen auf. Und um 10 Uhr 30 immer in Scharen – die Kita-Kinder mit ihren Erzieherinnen.

Und dann sind da noch die drei Männer.

Der türkische Mann.

Der deutsche Mann.

Und der afrikanische Mann.

Die haben keine Kinder dabei. Sie sitzen nebeneinander auf der Bank neben dem Spielplatz und machen nichts, außer manchmal in einer dünnen Zeitung zu blättern. Jeden Tag. Wenn fremde Kinder sich zu ihrer Bank verirren, lächeln die drei Männer sie an.

Natürlich haben alle Mütter Angst vor ihnen. Da die drei Männer tatsächlich immer da sind, beginnen die ersten Kinder ihre Scheu vor ihnen zu verlieren. Die Angst wächst. Eine Woche lang flüstern die deutschen Mütter sich etwas von «Pädophilie» zu, und die Türkinnen raunen von «Drogenhändlern». Nur die Albanerinnen scheinen sich vor nichts zu fürchten.

Schließlich kommen die Mütter zu mir. Ich soll die drei Männer fragen, was sie ohne Kinder auf dem Spielplatz machen.

«Warum ich?», frage ich.

«Du bist der einzige Mann hier», sagen die deutschen Mütter.

«Du bist doch ein Deutscher», sagen die Türkinnen.

Das stimmt. Außerdem möchte ich auch selbst wissen, welche drei Herren täglich stundenlang das Spiel meines Sohnes betrachten. Ich gehe also zu ihrer Bank. Die Augen von einem Dutzend Müttern folgen mir. Eine hat ihr Handy gezückt – für den Notfall.

So männlich und so deutsch wie möglich frage ich die drei: «Sagt mal, ihr habt doch keine Kinder dabei. Was macht ihr eigentlich jeden Tag auf dem Spielplatz?»

«Wir passen auf», sagt der türkische Mann.

«Soso», sage ich.

«Wir sind Spielplatzwächter.»

«Aha.»

«Das Jobcenter hat uns geschickt. Ist ein 1,50-Euro-Job.»

Der deutsche Mann nickt. Der afrikanische Mann nickt ebenfalls.

Einen Moment lang bin ich noch baff. Dann besinne ich mich auf meine Funktion als offizieller Beauftragter der Spielplatznutzerinnengemeinschaft: «Habt ihr einen Ausweis dabei?»

Haben sie. Drei Spielplatzwächter mit Dienstausweis. Ihre Geschichte stimmt: Das Arbeitsamt schickt drei Männer im besten Alter jeden Tag auf den Spielplatz vor meiner Wohnung. Und auf die anderen Spielplätze auch. 300 Spielplatzwächter, sagen sie, gebe es allein in Neukölln, meinem Stadtbezirk.

Bei Sonne sitzen sie auf der Bank, bei Regen gehen sie nach Hause. «Traumjob», meint der türkische Mann ironisch. Der deutsche Mann grummelt, er plane sowieso, sich selbständig zu machen. Der afrikanische Mann sagt nichts.

Seit diesem Gespräch grüßen mich die Spielplatzwächter. Manchmal leihen sie unseren Ball und kicken ein bisschen rum. Wenn mein Sohn gegen den Ball läuft, ruft der türkische Spielplatzwächter: «Hey, hey, der neue Ballack!» Aber meistens sitzen sie nur herum auf ihrer Bank. Sie verteilen keinen Kaffee für müde Mütter und haben keine Heftpflaster für aufgeschlagene Kinderknie dabei. Kann man für Eineurofünfzig in der Stunde auch nicht verlangen. Sie müssen nicht einmal aufpassen, denn das machen ja schon die Mütter und Erzieherinnen. Sie müssen überhaupt nichts tun, außer warten, dass der Tag vorbeigeht. «Aber weißt du», sagt der türkische Spielplatzwächter und macht ein entschlossenes Gesicht, «wenn irgendwann einmal irgendetwas passiert, dann sind wir da.»

Auch mit einem Kind kann man also Neues entdecken. Die Gegend, in der man schon seit Jahren lebt etwa. Ich sehe jetzt die Ecken, wo sich die arabischen Jungs treffen, statt in die Schule zu gehen. Ich muss zu meinem verhaltensauffälligen Nachbarn hinübergehen und ihm klarmachen, dass er zwischen 12 und 14 Uhr keine lauten Schlager spielen kann, weil mein Junge schlafen soll. Nach ein paar Wochen kenne ich die Plätze, wo die Dealer stehen und die Trinkhallen, in denen sich die Alkoholiker schon morgens treffen. Ich weiß aber auch, wo es schon morgens einen perfekten Latte macchiato gibt und wo man mittags ein Schnitzel essen kann, wie man es auch in Wien nicht besser bekäme.

Wie gesagt: Auch mit Kind kann man Neues entdecken und etwas erleben.

Außer wenn es regnet.

Dann ist man nämlich in seiner Wohnung. Und am Rande der Verzweiflung.

So wie neulich. Da ist jede Rassel schon gerüttelt, jeder

Topf schon geschlagen, jedes Klötzchen schon verbaut, draußen regnet es in Strömen, und die karrieresüchtige Rabenmutter wird erst in dreieinhalb Stunden erwartet. Der Junge schreit und schreit und schreit, und ich schreie bald auch. Ich kann nicht mehr. Jetzt muss etwas passieren.

Da passiert tatsächlich etwas. Es klingelt an der Tür. Ich öffne. Zwei Frauen stehen vor meiner Schwelle. Eine Mitte dreißig. Eine Mitte fünfzig. Beide Typ Trockenpflaume. Mein Sohn guckt trotzdem mit großen Augen von einer zur anderen. Und: Er schweigt.

Ich sage: «Guten Tag. Sie schickt der Himmel.»

Die beiden gucken nicht überrascht.

«Guten Tag», sagt die eine lächelnd. Und die andere: «Wir möchten mit Ihnen über die Bibel sprechen.»

Der Junge staunt noch immer. Er sieht zum ersten Mal in seinem Leben Zeugen Jehovas. Ich bitte sie herein. Zum ersten Mal in meinem Leben. Ich habe nämlich gelernt, das nicht zu tun. In meiner Kindheit hieß es, bei Zeugen Jehovas handele es sich ähnlich wie bei Kommunisten um gefährliche Verrückte, die allein deshalb einen gewissen Respekt verdienten, weil sie unter den Nazis gelitten hätten. Deshalb sei ihnen höflich die Tür zu weisen.

Diese Höflichkeit habe ich später verloren. In einer Studenten-WG, in der ich ein paar Semester lebte, machten wir uns einen Spaß, klingelnde Zeugen Jehovas anzublaffen: «Sind Sie erlöst? Na, Sie sehen mir aber gar nicht danach aus.»

Zuletzt hörte ich von der Sekte, als die Media-Markt-Werbefigur Oliver Pocher über seine Brutalo-Komik sagte: Während seiner Kindheit als Zeuge Jehovas habe er gelernt, «den Leuten einfach auf den Sack zu gehen». Toller Verein.

Jetzt sitze ich also mit einer alten und einer mittelalten Zeugin in meinem Wohnzimmer. Wir haben alle eine Bibel auf dem Schoß und ein Glas Mineralwasser in der Hand. Wir lesen gemeinsam Bibelstellen, welche von den beiden mit Nachdruck vorgeschlagen und gleich interpretiert werden. Im Medienzeitalter ist das ein beinahe rührender Versuch der Manipulation. Man muss schon ziemlich verzweifelt sein, um sich davon ansprechen zu lassen. Ich bin nicht verzweifelt. Der Junge ist ja immer noch abgelenkt.

Ich fasse die folgende halbe Stunde kurz zusammen. Falls ich etwas falsch verstanden habe, bitte ich hiermit alle Zeugen Jehovas um Verzeihung und garantiere: Satan steckt nicht dahinter.

Also:

1. Es heißt nicht Zeugen Jehovas, sondern Jehovas Zeugen.

2. Jehovas Zeuginnen heißen auch Jehovas Zeugen.

3. Wenn jemand krank wird, ist erstaunlicherweise nicht Gott dafür verantwortlich …

4 … sondern Adam, der unperfekt war und von dem wir leider alle abstammen.

5. Gott wird, wenn das Ende der Welt naht, einen Krieg gegen die Menschen führen.

6. Auf diesen Krieg freuen sich meine beiden mineralwassertrinkenden, milde lächelnden Gäste.

7. Auf Nachfragen geben sie an, sie wüssten nicht, ob Oliver Pocher verschont wird.

Das mit dem Krieg haben wir nicht mehr ausdiskutieren können. Der Junge wird wieder unruhig und stört die Verkündung des Wortes Gottes, nachdem er sich an seinen Jüngerinnen satt gesehen hat. Immerhin lassen sie eine Broschüre da.

Die zeigen wir dann abends vor, als meine Freundin von der Arbeit kommt.

«So verzweifelt waren wir heute», sage ich vorwurfsvoll.

«O Gott», sagt sie.

«Eben», sage ich.

Später am Abend einigen wir uns dann auf ein Verfahren. Beim nächsten Mal, wenn ich verzweifelt bin, darf ich mir Mormonen nach Hause einladen. Aber bevor ich einen Vertrag bei Yellow Strom unterschreibe, nimmt sie einen Tag frei.

Sie nimmt wirklich einen Tag frei, sogar zwei. Sie verreist für ein verlängertes Wochenende zu einer Freundin und nimmt den Jungen mit. Ich bin allein zu Hause. Zum ersten Mal seit sehr langer Zeit. Ich habe kein Kind zum Aufpassen und keine Arbeit zu erledigen. Nach dem Frühstück räume ich ein bisschen in der Wohnung herum, dann mache ich Sport, und dann gucke ich einfach nur so in den Tag und beginne über mein Leben als Familienvater nachzudenken.

Da schreckt mich die Klingel aus den Gedanken. Ich öffne und – erstarre. Da stehen keine Zeugen Jehovas und auch kein Yellow-Strom-Vertreter. Sondern: Er selbst. Eine hagere, alterslose Gestalt im schwarzen Mantel, eher ein Schädel als ein Kopf, Kälte und Modergeruch verströmend, eine Sanduhr in der linken Hand und – tatsächlich – eine lange Sense in der Rechten.

«Aaaaah – der Tod!», rufe ich und sage schnell: «Ich glaube nicht an Sie. Schon gar nicht in dieser lächerlichen Gestalt.»

«Ich bin nicht der Tod», sagt der Hagere ruhig. «Ich bin sein kleiner Bruder. Ich bin der Mainstream!»

«Der Mainstream?», frage ich ungläubig.

«Ja, genau. Die Mitte der Gesellschaft. Das Gegenteil von Freiheit, Abenteuer, Überraschung, Kreativität. Das Ende vom wirklichen Leben also. Ich komm dich holen. Sag nicht, dass du mich nicht erwartet hättest.»

Da hat er recht: Ich habe ein Kind gezeugt. Ich habe ein Auto gekauft. Ich gucke Samstag die Sportschau, und bei der letzten Bundestagswahl habe ich mich dabei ertappt, wie ich beinahe SPD gewählt hätte. Schon streckte der Mainstream seine knorrige Hand nach mir aus.

«Trinken Sie vielleicht noch einen Kaffee mit?», versuche ich Zeit zu gewinnen.

Er blickt auf die Sanduhr, überlegt kurz und nickt dann: «Aber nur zehn Minuten. Ich habe noch zu tun.»

Das ist meine Chance. Ich muss ihm klarmachen, dass ich doch noch nicht zu den untoten Spießern gehöre. Wohin soll ich ihn am besten in meiner Wohnung führen, um zu beweisen, dass ich noch cool bin, hip und Avantgarde? Vielleicht in die Küche, wo am schwarzen Brett noch Flyer von den angesagten Clubs in Johannesburg hängen? Nein: Da habe ich doch die Ikea-Family-Card angepinnt. Oder ins Arbeitszimmer, wo immer ein kreatives Chaos herrscht? Nein: Da liegt doch die schon jetzt fertig ausgefüllte Steuererklärung. Während ich noch überlege, sehe ich mit Entsetzen, dass der Mainstream die Kicker-Bundesliga-Stecktabelle im Flur entdeckt hat. Er grinst so überlegen, dass ich in Wut gerate. Ich packe ihn und rede auf ihn ein: «Hören Sie, Mann. Sie haben sich geirrt, und ich kann es beweisen: Hier, schauen Sie, diese CDs. Illegal aus dem Netz runtergeladener Kwaito. Ist das etwa middle of the road?»

«Die gehören deiner Freundin», antwortet er, «du kannst mir nichts vormachen. Du hast sogar kurz überlegt, ob du dir die neue Westernhagen kaufen sollst.»

«Ich, ich, äh, ich fahre einen Suzuki», werfe ich ein.

«Ja, aber vorher hast du ausgerechnet, wie hoch die Leasingraten für einen Passat Kombi sind.»

Er weiß alles.

«Aber, aber … Ich habe illegale Drogen im Haus!», schreie ich panisch.

«Die sind doch längst vertrocknet.»

Ich bin geliefert und habe nur noch eine Chance: jemand anderen ans Messer zu liefern an meiner statt. Also denunziere ich feige: «Und was ist mit meinem Nachbarn? Arbeitet bei den Stadtwerken, hört Pur und schläft nur sonntags mit seiner Frau, wenn bei Christiansen nichts los ist. Warum holen Sie nicht diesen Erz-Normalo?»

«Er führt leider ein Doppelleben», spricht der Mainstream und streicht seine Hand seufzend über die Sense.

Der Kaffee ist fertig. Der Mainstream stürzt ihn heiß hinunter, dann sagt er: «So, jetzt ist aber Zeit. Tut mir leid, dass du dich nicht von Frau und Kind verabschieden kannst. Sie ist wohl wie jeden Tag um diese Zeit mit dem Kind auf dem Spielplatz?»

«Nein, das mache ich. Meine Frau geht arbeiten.»

«Und du betreust euer Kind?», fragt er erstaunt.

«Ja.»

«Krass. Das ist selten. Ist das ein neuer Trend?»

«Genau. Die Avantgarde macht jetzt auf Herd und Heim», behaupte ich schnell.

«Erstaunlich», sagt er und reibt sich das knorrige Kinn.

Er sieht endlich ein, dass er bei mir falsch ist, und bittet – ehrlich zerknirscht – um Entschuldigung. Erleichtert bringe ich ihn zur Tür und wünsche ihm noch einen guten Tag. «Gleichfalls», antwortet der Mainstream, «und» – da lächelt er schon wieder – «wir sehen uns.»

Schiffstaufe auf hoher See

An dieser Stelle kann der Leser oder die Leserin eine Frage stellen, die ihm und ihr schon mindestens fünfzig bis hundert Seiten auf der Zunge liegt:

Warum heiratet der Kerl seine Freundin nicht?

Sie haben zusammen ein Kind. Sie leben zusammen. Sie leben weiter zusammen, nachdem sie ihre Schwiegereltern kennengelernt haben. Sie machen eigentlich alles zusammen. Und das schon seit zehn Jahren.

Ich muss zugeben: Die Frage drängt sich auf.

Und sie scheint immer drängender zu werden. Das merken wir daran, dass sich ihre Formulierung ändert. Fragten uns die Leute vor fünf Jahren noch: «Wollt ihr einmal heiraten?» und vor zwei Jahren: «Wie steht es denn bei euch mit dem Heiraten?», so fragen sie uns jetzt: «Wann wollt ihr eigentlich heiraten?» Einmal haben wir sogar schon gehört: «Wie lange wollt ihr eigentlich noch warten mit dem Heiraten?»

Und neulich haben wir es uns zum ersten Mal selbst gefragt.

Da waren wir auf eine Hochzeit eingeladen. Eine Freundin aus einem sächsischen Städtchen heiratete einen Iren, der bei einem Sprachkurs in Belfast ihr Lehrer war. Wir sind in strahlendem Sonnenschein durch wunderschöne Brandenburger Alleen zu einem kleinen Schloss gefahren. Ja, ein Schloss! Zwar ist die Ehe-Rate in Ostdeutschland weltweit einmalig niedrig, weil es an alten religiösen Bindungen mangelt und an jungen Frauen. Aber wenn geheiratet wird, dann feudal.

Vor allem im Norden der neuen Länder gibt es zahlreiche herrschaftliche Anwesen, deren Besitzer nach dem Krieg in den Westen flohen oder enteignet wurden. In den Fünfzigern wurden sie zuerst als Kaderschulen oder Kinderheime genutzt, bevor sie gegen Ende der DDR meist verfielen. Heute sind sie saniert und werden hier und da als kleine Hotels genutzt. Und oft unterhält das örtliche Standesamt eine Außenstelle im Schloss. Die herrschaftlichen Räume sollen das feierliche Ambiente liefern, das fehlt, seit nicht mehr in einer Kirche geheiratet wird.

Es ist auch tatsächlich ein schönes Fest. Die Braut sieht gut aus. Die Atmosphäre ist unpathetisch ernst. Die Zeremonie findet im weitläufigen Schlossgarten statt. Nur der leiernde Kassettenrekorder mit dem Hochzeitsmarsch stört. Und es ist doch etwas anderes, wenn Brautleute ihr Versprechen in der Kirche vor «Gott und den Menschen» ablegen als vor einer nervösen Mittvierzigerin «in meiner Eigenschaft als Standesbeamtin der Verwaltungsgemeinschaft Kläden-Bismark».

Aber die Leute sind fröhlich. Es wird getanzt und getrunken. Ein rundum gelungener Tag. Als ich auf der Schlossterrasse stehe, wo Iren und Ossis anstoßen und die Kinder auf der Wiese Flecken in ihre besten Sachen machen, denke ich plötzlich: Eigentlich kann ich mir auch meine Freundin wunderbar in einem Brautkleid vorstellen. Es gibt zu wenige Gelegenheiten, einen guten Anzug zu tragen. Unsere Freunde lassen sich gerne zum Champagner einladen. Und es wäre bestimmt niedlich, wenn unser Junge aus einem kleinen Körbchen Blumen auf den Weg streut.

Also: Warum nicht?

Weil ich noch Zweifel hege, die Richtige gefunden zu haben? Nein, überhaupt nicht. Manchmal bin ich mir nicht sicher, ob Männer und Frauen überhaupt zusammenleben sollten. Aber völlig sicher bin ich mir: Wenn Frau, dann diese.

Weil sie noch Zweifel hegt, ob ich der Richtige bin? Nein, ich hoffe nicht. Eigentlich kann ich mir nicht vorstellen, dass sie nein sagt. Vielleicht würde sie meinen ersten Antrag ablehnen, weil sie sich generell gerne mehrmals bitten lässt und mich gerne ein wenig leiden sieht. Aber ihr ist schon klar, dass sie mich nicht mehr loswird – mit oder ohne Hochzeit.

Weil wir prinzipielle Einwände gegen die Institution Ehe haben? Nein, überhaupt nicht. Es ist schon ein bisschen schäbig, dass der Staat seine Bürger mit einem Steuervorteil lockt, sich ewig aneinander zu binden. Aber da kann ja die Ehe nichts für. Und das Geld würden wir auch mitnehmen.

Also: Warum dann? Genauer: Warum dann nicht? Ganz genau: Warum dann noch nicht?

Vielleicht kommen wir der Antwort näher, wenn wir uns anschauen, wer heiratet. Und aus welchem Grund.

Bei der Hochzeit im Schloss, wo jetzt gerade die Torte in den Schlossgarten geschoben wird, heiraten zwei, deren Beziehung als eine Art Stufenmodell angelegt ist. Sie haben sich im Ausland kennengelernt, dann geschrieben, dann besucht, dann eine Fernbeziehung geführt, dann ist er nach Deutschland zu ihr gezogen. Nach einer halbjährigen Testphase des Zusammenwohnens heiraten sie jetzt. Das ergibt Sinn.

Noch nie sind wir zu so vielen Hochzeiten eingeladen worden wie in der letzten Zeit. Vor wenigen Wochen erst waren wir bei der Hochzeit der ehemaligen Kollegin B. Dass sie heiratet, hat alle überrascht. Niemand hätte ihr eine romantische Veranlagung unterstellt. Auf der Hochzeit hat eine Frau an unserem Tisch gehässig zu ihrem Mann gesagt: «Jetzt ist sie ja im Job. Und ihr Mann auch. Sie hat einfach eine Karriereprognose für ihn erstellt und mit ihrem eigenen

Marktwert verglichen. Und noch sieht sie ja ganz gut aus. Also hat sie jetzt zugegriffen.» Das ist natürlich ganz böse. Aber wohl nicht ganz falsch.

Neu ist, glaube ich, etwas anderes. Hochzeiten im großstädtischen Milieu bedeuten nicht mehr das Versprechen ewiger Treue, sondern eher, dass die serielle Monogamie auf ein neues Niveau gehoben wird. Das eigentliche Versprechen ist nicht «In guten wie in schlechten Zeiten», sondern: «In den vergangenen zehn Jahren habe ich meine Partner zwar alle zwei Jahre gewechselt, aber weil wir beide nicht jünger werden, will ich es mit dir ein wenig länger versuchen.» Das klingt unromantisch oder sogar zynisch, ist es aber eigentlich nicht. Vor allem ist es ehrlich gemeint.

Selbstverständlich gibt es auch andere Fälle: Im Frühjahr waren wir schon einmal auf einer Hochzeit eingeladen. Die Braut kennen wir schon über zehn Jahre. Und ihren Freund auch. Den hat sie allerdings nicht geheiratet. Sondern ihren neuen Partner. Der Abgelegte gehörte wie sie zu unserer Clique, die beiden haben sich immer mal wieder getrennt und doch kurz danach wieder zusammengefunden. Irgendwann allerdings nicht mehr. Den Neuen hingegen kennt kaum einer ihrer Freunde. Und sie auch gerade erst ein Jahr. Und trotzdem heiraten sie schon? Nicht trotzdem, sondern genau deshalb. Hier meint das Versprechen eigentlich: «Ich habe mich zehn Jahre mit meiner großen Liebe rumgequält, habe mich fünfmal getrennt und bin zweimal ausgezogen. Ich habe die Nase voll von kaputten Beziehungen und Hin und Her. Deshalb soll mit dir alles anders werden.» Auch das ergibt Sinn. Auch wenn es ziemlich hart für ihren Exfreund ist.

Es gibt noch eine ganz neue Form der Hochzeit, zu der wir in jüngster Zeit eingeladen werden. Wir nennen sie unter uns scherzhaft-bitter «eine Prekären-Hochzeit». So eine ist schon mehreren Freunden von uns passiert: Sie haben studiert, anschließend keinen Job gefunden und sich deshalb mit Ende zwanzig selbständig gemacht. Das tun in Intelligenzberufen mittlerweile so viele, dass die Aufträge nicht für alle reichen. Ein paar Jahre kämpfen die hochmotivierten Kreativen um ihre Existenz, bevor sie an den Knackpunkt kommen: Irgendwann können sie ihre private Krankenversicherung nicht mehr bezahlen. Dann rät ihnen irgendjemand: «Verheiratete sind übrigens beim Ehepartner mitversichert.» Dann wird geheiratet.

Auf der letzten «Prekären-Hochzeit», auf der wir waren, haben die Partner zwar ein paar Freunde eingeladen, sich jedoch eine Party statt einer stimmungsvollen Feier gewünscht. Abendgarderobe und Geschenke waren ausdrücklich verboten, und die einzige Rede hielt das Brautpaar selber: «Wir versprechen, dass wir uns nichts versprechen, denn wir glauben nicht an die Ehe.» Es ist schon seltsam: Leute, die sehr viel verdienen, verführt der Staat zur Ehe, und Leute, die zu wenig verdienen, um sich zu versichern, auch. Wir sind in der Mitte. Uns lässt er in Ruhe.

Wer hat sonst noch geheiratet in den vergangenen Jahren? Freunde, die einen Partner aus dem Ausland haben. Warum, liegt auf der Hand: Erstens ist fast die ganze Welt in Beziehungsangelegenheiten konservativer als Deutschland. Zweitens ist mit der Heirat eine Aufenthaltsgenehmigung verbunden. Drittens halten romantische Illusionen erfahrungsgemäß länger, wenn man nur teilweise versteht, was der Partner sagt.

Unsere französische Freundin, die gut Deutsch spricht und keinen Pass braucht, lebt schon acht Jahre mit dem Vater ihrer Tochter zusammen – ohne Trauschein. Sie ist auch auf der Hochzeit im Schloss. Nach dem Kaffee stelle ich mich zu ihr und frage sie, warum sie nicht verheiratet ist.

«Wir haben einfach den richtigen Zeitpunkt verpasst», meint sie.

«Inwiefern?»

«Na ja, schau: Wir sind monogam, wir wohnen zusammen, wir teilen Geld und Erziehung. Alles, was mein Freund und ich uns bei einer Hochzeit versprechen würden, leben wir schon längst.»

«Also ist deiner Meinung nach die Ehe gar nichts für Menschen in festen Beziehungen, sondern für Menschen, die eine feste Beziehung erst anstreben?»

«Genau. Unsere Hochzeit wäre wie eine Schiffstaufe auf hoher See. Eine absurde Zeremonie.»

Da ist etwas dran. Ich kann mich nur an zwei Hochzeiten erinnern, die Paare ausrichteten, die schon so lange zusammen sind wie wir. Die einen heirateten, weil er einen neuen Job im Speckgürtel von München bekommen hat und sie im bayerischen Dorf Nachteile für uneheliche Kinder befürchteten. Die anderen heirateten, um der dringlichen Aufforderung einer siechen Erbtante nachzukommen. Die Feste waren nur äußerlich. Beide Male herrschte eine seltsame Stimmung. Die Gäste – und wohl sogar das Brautpaar selber – waren unsicher, ob es sich nun um eine Hochzeit aus Liebe oder aus Pflicht handelte, und verhielten sich distanziert ironisch.

Die Stimmung war sogar schlechter als auf dem Umtrunk nach der standesamtlichen Zeremonie einer Scheinehe, bei der ich als Trauzeuge fungierte. Da war nämlich allen Beteiligten inklusive des Standesbeamten klar, dass es darum ging, eine Abschiebung zu verhindern. Anschließend luden die frisch Getrauten die Trauzeugen noch auf ein paar Bier ein, und im Bewusstsein, dem Staat gemeinsam ein Schnippchen geschlagen zu haben, wurde das ein lustiger Abend.

Ich glaube, man kann sowohl aus Liebe heiraten als auch aus Kalkül. Mischformen aber führen ins Unglück.

Streng genommen müssten wir nach der Schiffstaufentheorie schon lange verheiratet sein. Warum haben wir keine Flasche Champagner am Bauch unserer Beziehung zerschellen lassen, als wir in See stachen? Haben wir den Moment einfach verpasst? Ich glaube nicht. In Wahrheit sind wir gar nicht in See gestochen. Wir haben keine Ehe begonnen wie unser ostdeutsch-irisches Brautpaar. Nicht einmal eine Langzeitbeziehung. Jedenfalls nicht bewusst. Wir sind nicht zusammengekommen, um zusammenzubleiben. Sie ist einfach nicht mehr gegangen. Und ich auch nicht. Das hat uns lange selbst überrascht.

Wir haben uns nicht für das Zusammenleben entschieden, sondern das Zusammenleben hat sich für uns entschieden. Wir wollten keine Familie werden. Wir haben einfach irgendwann gemerkt, dass wir eine sind.

Genau genommen können wir also gar nicht mehr heiraten. Wir sind zehn Jahre zusammen. Wir sind nicht geldgierig genug, um unser Leben für einen Steuervorteil zu ändern, und nicht so arm, dass wir keine Krankenversicherung haben. Wir leben weder in Teheran noch in Oberammergau oder an einem anderen Ort, wo unser nichtehelicher Sohn geschnitten wird. Wir haben keine konservativen Erbtanten. Es gibt einfach keinen Grund für meine Freundin und mich zu heiraten.

Doch: einen schon.

Ein Freund – selbst glücklich unverheiratet – schickt mir einen dicken Brief, nachdem ich ihm am Telefon meine Gedanken und Zweifel zum Thema Ehe vorgetragen habe. In dem Umschlag ist eine DVD. *Vier Hochzeiten und ein Todesfall.* «Den kenn ich aber schon», denke ich. Aber er hat mir eine bestimmte Stelle auf der DVD angegeben, wo Hugh

Grant und ein Nebencharakter ein Gespräch über die Ehe führen.

«Ich habe eine neue Theorie zum Heiraten. Zwei Leute lieben sich, sie leben zusammen, und plötzlich, von einem Tag auf den anderen, haben sie sich nichts mehr zu erzählen.»

«Oje.»

«Ihnen fällt einfach überhaupt nichts mehr ein, worüber sie miteinander reden könnten. Das bedeutet: Panik! Aber plötzlich fällt dem Burschen ein Ausweg aus dieser Sackgasse ein.»

«Der wäre?»

«Er fragt sie, ob sie ihn heiraten will.»

«Brillant. Brillant!»

«Plötzlich haben sie etwas, über das sie den Rest ihres Lebens reden können.»

In der Tat liefert eine Ehe eine ganze Menge Gesprächsstoff. Erst muss entschieden werden, ob wir in der Kirche heiraten wollen oder im Schloss. Dann müssen Kirche oder Schloss ausgesucht werden. Ein Datum muss gefunden werden. Ein Kleid. Ringe. Die Frage, ob wir nur Familie und enge Freunde einladen oder auch entfernte Bekannte, muss geklärt werden. Dann können wir streiten, wer zu unseren engen Freunden gehört. Dann Essen, Musik, Programm, Reden usw. usf. Ich glaube, zwei Monate Vorbereitung sind noch eine bescheidene Kalkulation.

Und vielleicht liegt genau hier die ganz profane Antwort auf die Frage «Warum sind wir noch nicht verheiratet?».

Wir hatten einfach noch keine Zeit.

Wir arbeiten beide gern und viel. Wir kennen beide eine Menge Leute. Früher sind wir viel verreist. Jetzt beschäftigt uns unser Kind. Außerdem sitzen wir eigentlich auch ganz gerne auf unserem Balkon in der Sonne und machen nichts.

Vielleicht sollten wir also weiter ganz in Ruhe abwarten, ob uns irgendwann der Gesprächsstoff ausgeht.

Oder wir heiraten doch vorher. Vielleicht weil meine Freundin ein Hochzeitskleid sieht, dass sie unbedingt tragen will. Oder weil wir dann schon zwei Blumenkinder haben, die vor uns Rosen auf den Weg streuen können. Oder weil wir ein ganz besonders schönes Schloss oder eine ganz besonders schöne Kirche gefunden haben. Oder weil ich es leid werde, von der Mutter meiner Kinder als meiner Freundin zu reden. Auf jeden Fall können wir den Zeitpunkt selbst bestimmen. Das ist ein ziemlich ungewohntes Gefühl für mich.

Wenn ich darüber nachdenke, gefällt mit das Bild: Wie wir nach der Trauung durch eine Brandenburger Allee in die untergehende Sonne fahren, hinter unserem Auto klappern Dosen wie in einem amerikanischen Film, und am Kofferraum hat jemand ein Schild befestigt mit der Aufschrift «Finally married».

Fluchtversuche

Erster Fluchtversuch

Wenn George Clooney kommt, gehe ich. Wie erwähnt, glaubt meine Freundin neben ihrer Tätigkeit als Frau und Mutter bedauerlicherweise auch noch arbeiten zu müssen – in diesem Fall auf dem Filmfestival Berlinale. Sie sagt, da müsse sie zehn Tage durcharbeiten. Und auch abends. Und die Partys anschließend gehören auch dazu.

Ja bitte. Da wollen wir, mein Sohn und ich, selbstverständlich nicht im Weg stehen. Wir können uns auch sehr gut ohne die karrieresüchtige Rabenmutter amüsieren. Und zwar im Ruhrgebiet.

Dort wohnen nämlich Menschen, die das Opfer noch zu schätzen wissen, das Männer bringen, die sich um ihre Kinder kümmern. Dort wohnen Menschen, die auch gerne selbst ein paar Stunden auf das Kind aufpassen. Oder ein paar Abende. Menschen, die gut kochen. Menschen, die Jahreskarten für die Heimspiele von Schalke 04 besitzen. Glücklicherweise bin ich mit diesen Menschen sehr nahe verwandt.

Samstagmorgen steigen wir in den Zug.

Samstagmittag gibt es Königsberger Klopse.

Samstagnachmittag schlägt Schalke Bayer Leverkusen 7:4.

Samstagabend frage ich mich, welche alte Schulfreundin von mir wohl immer noch in Wanne-Eickel wohnen könnte.

Samstagnacht hustet das Kind zum ersten Mal.

Na ja, so ein bisschen Husten, das wird doch nicht so schlimm sein, denken jetzt vielleicht glückliche Ignoranten. Von wegen! Das Schlimmste ist nicht, dass der Junge hustet. Sondern wie er hustet. Er hustet so heftig, dass er jede Stunde wach wird.

Und ich auch. Einmal, um drei Uhr nachts, denke ich: Jetzt ist er geplatzt. «Wegen einem kleinen Husten rennt man noch nicht zum Kinderarzt», sage ich am Montag im Tonfall des Experten zu Opa und Oma.

Dienstag sitze ich auf einem Kinderstühlchen im Wartezimmer von Dr. H. Das Konzept der männlichen Elternzeit scheint noch nicht bis ins Ruhrgebiet vorgedrungen zu sein. Außer mir sind nur Mütter da. Die sind nicht panisch oder nur aufgeregt, sondern sprechen über die Wehwehchen ihrer «Kurzen» mit dem den Ruhrgebietsmenschen eigenen Understatement. Und mit Husten kennen sie sich hier besonders gut aus.

Eine erzählt beiläufig von ihrem Großvater, der schon mit 47 Jahren wegen Steinstaublunge nicht mehr «auf Arbeit» durfte und dann noch sechs Jahre hatte. Eine andere versucht ihr Kind in den Schlaf zu wiegen und singt zur Melodie von «Heute mach ich Hochzeit» aus *My Fair Lady* den Text:

«Hörst du die Regenwürmer husten?
Öchö. Öchö.
Wie sie durchs dunkle Erdreich ziehn.
Öchö. Öcho.
Wie sie sich winden
Öchö. Öcho.
Und dann verschwinden
Öchö.Öcho.
Auf Nimmernimmerwiedersehn.»

Gott sei Dank, wir sind dran. Der Doktor guckt in Hals und Ohren und hört die Lunge ab.

«Nichts Ernstes», sagt er: «Bei uns im Ruhrgebiet nennen wir das Schwiegermutterhusten.» Eigentlich hat er nicht Schwiegermutterhusten gesagt, sondern «Schwiggamuttahusten».

Ich schaue fragend. Mein Sohn hustet.

«Schwiggamuttahusten heißt Schwiggamuttahusten, weil: Vier Wochen kommt er, vier Wochen bleibt er, vier Wochen geht er», erklärt der Doktor freundlich.

Aha. Drei Monate jede Nacht, jede Stunde aufwachen. Nennen die hier «Schwiggamuttahusten» und «Nichts Ernstes». Das ist wirklich Understatement.

So schlimm ist es am Ende nicht gekommen. Mit diversen Mittelchen haben wir den Husten gemildert. Einmal konnte ich sogar vier Stunden durchschlafen. Nach einer Woche zurück in Berlin, hat uns die arbeitende Mutter vom Bahnhof abgeholt und sofort berichtet: «Ihr könnt euch gar nicht vorstellen, wie anstrengend so ein Filmfestival ist.»

Leider ist nicht jeden Tag Filmfestival, und wir dürfen auf Reisen gehen. Normalerweise sind wir zu Hause. Wirklich zu Hause. In den eigenen vier Wänden. So zu Hause war ich in meinem ganzen Leben noch nicht. Nicht einmal, als ich meine Magisterarbeit schrieb. Zu allem Überfluss wird der Winter meiner Elternzeit ein harter, und wir kommen nach fünfundvierzigminütigen Ankleideprozeduren eskimoverpackt nur für Minuten vor die Tür.

Dem Jungen macht das nichts aus. Er entdeckt jeden Tag ein Stückchen mehr von der Wohnung. Um meiner Unlust nachzugeben, hinter dem Kind, seiner Mutter und mir selbst herzuräumen, lege ich mir die Theorie zurecht, eine unaufgeräumte Wohnung sei besonders kindgerecht, weil es noch mehr zu entdecken gebe.

Für mich gibt es schon nach wenigen Wochen nichts mehr zu entdecken. Mir fällt die Decke auf den Kopf. Gemeinsam mit einem guten Freund, der in Leipzig Tochter und Haus hütet, plane ich einen Kollektivausbruch. Mit den Babys wollen wir eine Woche nach Wien. Seine karrieresüchtige Rabenfrau und meine karrieresüchtige Rabenfreundin verhindern das: Wir hätten schon allein auf Reisen immer genug Unfug angestellt.

Die Frauen wollen keine Reiseväter, sondern ihre Heimchen, die Kind und Wohnung hüten. Uns könnten sie noch entbehren. Aber nach dem Bürotag wollen sie noch ein bisschen Mutter spielen – und das geht schlecht, wenn das Kind in Wien ist. Reisen aus Spaß ist nicht erlaubt – wir müssen wieder einen Vorwand finden. Leider ist nicht jeden Tag Filmfestival. Aber einmal im Jahr ist Weihnachten.

Zweiter Fluchtversuch

Da wir zu erschöpft sind, um einen Weihnachtsbaum aufzustellen, möchten wir das Fest bei den Großeltern verbringen. Der Junge und ich reisen schon einmal vor. Die karrieresüchtige Rabenmutter macht noch bis Ende der Woche Karriere und kommt dann nach.

Ich sitze im ICE und mit mir reisen Max Weber und Paul Gascoigne. Ich lese im Kleinkindabteil. Schon gut, der letzte Satz ist sehr unglaubwürdig. Denn tote Denker und ehemalige Fußballer im Zug zu treffen, das mag noch angehen. Aber die Behauptung, man könne im Kleinkindabteil auch nur eine Seite lesen, klingt nur absurd.

Dennoch ist sie wahr. Ich lese tatsächlich. Denn alle sind eingeschlafen. Mein Kind. Die anderen Kinder. Und deren Mütter, wahrscheinlich vom Vorfeststress erschöpft. Ich höre nur ihr flaches Atmen, und schöner könnte kein Engeleinchor klingen. Ein echtes Weihnachtswunder. Halleluja!

Die erste Mutter soll ich nach Porta Westfalica wecken.

Bis dahin habe ich Zeit für Weber und «Gazza» Gascoigne. Was haben der große deutsche Soziologe («Die protestantische Ethik und der ‹Geist› des Kapitalismus») und der große englische Mittelfeldregisseur («Gazza's boys are here/shag women and drink beer») gemeinsam? Über beide sind neue Biographien erschienen. Ich lese quer, denn Gascoigne ist eigentlich das Weihnachtsgeschenk für meinen Vater, und Weber hat fast 1000 Seiten. Die schaffe ich nicht – nicht im Kleinkindabteil bis Porta Westfalica.

Also schnell das Wichtigste in Kürze: Weber hat entdeckt, das die Tugend der Arbeit der Kern des Kapitalismus ist und nicht das Laster der Profitgier – aber Marx hat sich trotzdem durchgesetzt. Gascoigne hat entdeckt, dass man auch als Sohn der englischen Arbeiterklasse tricksen und kombinieren kann und den Ball nicht hoch in den gegnerischen Strafraum hauen muss – aber im Elfmeterschießen hat trotzdem immer Deutschland gewonnen.

Bei Hannover gelingt es mir noch, den Kaffeeverkäufer der Bahn abzuwehren. Aber eine Mutter hat sich schon umgedreht und ein Kind sich die Augen gerieben. Also schnell nach den pikanten Details geblättert: Gascoigne hat in der Halbzeitpause Brandy getrunken, über dem Trainer schon mal eine Ketchupflasche geleert und einem schwarzen Mitspieler eine Zehnerkarte fürs Solarium geschenkt.

Das war im Großen und Ganzen bekannt, liest sich aber sehr lustig. Auch bei Weber gibt es Klatsch: Der Meisterdenker litt an Erektionsstörungen! Ganz schlimm. So schlimm, dass sie ihn sogar in ein Nervenleiden getrieben haben. Das war, glaube ich, noch unbekannt, liest sich aber nicht ganz so lustig. Außerdem misstraue ich der Pointe, dass eine neue Geliebte die Weber'schen Erektionsstörungen heilte und damit auch seine Nerven sanierte und seine Kreativität zurückbrachte. Gascoigne etwa wäre – hätte er in den richtigen

Momenten Erektionsstörungen gehabt – einiges Nervenaufreibende erspart geblieben.

Und mir, das muss ich sagen, wenn ich mich im Kleinkindabteil umsehe, mir auch.

Zum Beispiel der folgende Moment. Denn jetzt wird mit brachialer Gewalt die Tür aufgerissen, und ein Mann in Uniform schreit: «Peeersonaaaaalweeeechseeeel!» Alle Mütter sind sofort wach. Und – schlimmer – alle Kinder auch. Und falls doch noch ein einzelnes, ganz kleines Kindchen ein Äuglein geschlossen haben könnte, donnert der Scherge noch: «Dieeeeee Fahrkaaarten bitteee!»

Was hätte jetzt Max Weber an meiner Stelle getan? Vielleicht mit donnerndem Bass den Verfluchten zum Duell am nächsten Bahnhof gefordert? Und Paul Gascoigne? Die Notbremse gezogen, den Mann zusammengeschlagen und mit Bier übergossen? Aber die beiden würden wahrscheinlich sowieso nicht mit dem Zug reisen. Und schon gar nicht im Kleinkindabteil. Da reise ich und zeige brav meine Fahrkarte und ducke mich unter den anklagenden Blicken der geweckten Mütter, als wäre ich schuld. Das unterscheidet uns Sterbliche wohl von den Großen – egal, ob Soziologe oder Fußballer –, über die sogar Bücher geschrieben werden.

Wer mit Kindern reist, verlässt sein Gefängnis nicht, sondern nimmt es mit. Und anders als im Knast kann er noch nicht einmal in Ruhe lesen.

Dritter Fluchtversuch

Jetzt ist der kritische Moment. Jetzt entscheidet sich, ob ich weiter Frau und Kind habe oder bald nur Besuchsrecht an jedem zweiten Wochenende. Denn den dritten Fluchtversuch unternehmen wir gemeinsam. Nach Monaten von Stress und Arbeit stehen meine Freundin und ich im Frühjahr vor dem Gefährlichsten: einem freien Wochenende nur für uns.

Gottlob laufen wir nicht blind ins Verderben wie die vielen, die sich nach Weihnachten oder den Sommerferien scheiden lassen. Nein, wir nicht. Wir wissen, dass knappe, gemeinsame Zeit gut vorbereitet werden muss. Sehr gut vorbereitet. Und zwar nach dieser wissenschaftlich fundierten, praxiserprobten und quasi unfehlbaren Methode.

Erstens: Sie schlagen auf einer Landkarte einen Kreis mit dem Radius von 200 Kilometern um den Wohnort der Menschen, die ihnen für ein paar Tage das Kind abnehmen. (Bei uns – wie immer – Opa und Oma im Ruhrpott.)

Zweitens: Ihr Partner setzt sich 15 Minuten (nicht länger!) ans Internet und sucht drei (nicht mehr!) Orte innerhalb dieses Kreises, in denen ihn irgendetwas interessiert.

Drittens: Dann tun Sie das Gleiche.

Viertens: Der Ort, den Sie beide auf der Liste haben, ist der kleinste gemeinsame Nenner Ihrer Beziehung. Sie fahren sofort hin. Ohne Diskussion.

Bei uns kommt Aachen heraus.

Hm. Seltsam. Aber gut.

Von Berlin aus fahren wir auf der A2 gen Westen. Und denken über unseren kleinsten gemeinsamen Nenner nach. Aachen war bei uns beiden die Nummer drei auf der Liste. Und Köln kam nur nicht in Frage, weil dort an dem fraglichen Wochenende Karneval ist. Karneval können wir beide nicht ausstehen. Wir sind erst kurz vor Magdeburg, da ruft mein Vater an: «Aachen? Ihr wollt nach Aachen? Ja, Spitze. Die haben da einen tollen Rosenmontagszug.»

Das Schweigen im Auto währt bis Braunschweig. Dann sprechen wir (Gegen die Regel! Fehler!) über unsere Erwartungen an unsere Reise. Vor Hannover sind wir kurz davor, den Wagen zu wenden.

Erwartung eins: Ich möchte den Aachener Dom sehen. Er ist eine der wenigen vorgotischen Kirchen und wurde von

Karl dem Großen persönlich im byzantinischen Stil entworfen. Im Mittelalter ging die Legende, man könne den Aachener Dom sehen, wenn man von den Alpen nach Norden blicke.

Erwartung zwei: Meine Freundin möchte einen Tag mit Wellness-Klimbim verbringen. In Aachen gibt es nämlich eine Therme mit den unterschiedlichsten Bädern und Saunen und einem arabischen Hamam. Anschließend möchte sie eine Aroma-Entspannungsmassage bekommen. Die Therme hat angeblich irgendeinen Preis als die tollste Therme nördlich der Alpen bekommen. Sie heißt: Carolus Magnus. Welch ein Hohn.

Erwartung drei: Haben wir augenscheinlich enttäuscht, ohne sie zu kennen. Unser Kind weint nämlich.

Die Lage scheint verfahren. Wem jetzt zuerst etwas einfällt, um das Schweigen zu durchbrechen, der hat gewonnen. Überraschenderweise fällt zuerst dem Armaturenbrett etwas ein. «Check engine», leuchtet es gelb neben der Tankanzeige, als ich auf 140 beschleunige.

«Scheiße», sage ich zu meiner Freundin, «Check engine.»

«Das heißt, wir sollen den Motor überprüfen», übersetzt sie.

«Super», sage ich, «jetzt weiß ich ja, wofür du zehn Semester Amerikanistik studiert hast.»

Ich steuere einen Parkplatz an und öffne die Motorhaube. Meine Freundin, die bei uns eigentlich für Technik zuständig ist, kümmert sich um das weinende Kind auf der Rückbank.

«Und, was ist mit dem Motor?», ruft sie nach vorn.

«Hm, er ist auf jeden Fall noch da», sage ich.

Für mich sieht ein Motor aus wie der andere, und ich habe noch nicht viele in meinem Leben gesehen. Ich starre den Motor ungefähr zehn Minuten schweigend an, dann übergibt mir meine Freundin das immer noch weinende Kind und guckt den Motor an. Sie hat schon Trabis, Wartburgs und Wolgas mit ihren Strumpfhosen zum Laufen gebracht, als sie noch gar keine Strumpfhosen trug. Heute trägt sie auch keine, aber unser Auto ist auch kein Trabi. Leider. Nach weiteren zehn Minuten intensiver Suche nach irgendetwas Bekanntem unter der Motorhaube gibt meine Freundin auf und sagt: «Hm, check engine. Haben wir ja jetzt eigentlich gemacht. Da können wir vielleicht weiterfahren.»

Tatsächlich. Die Warnung blinkt nicht mehr am Armaturenbrett, auch als ich später – selbstverständlich nur zu Testzwecken – 160 fahre.

«Du verstehst wirklich was von Technik», sage ich anerkennend. Und: «Noch 400 Kilometer bis Aachen.»

Aber jetzt ist das Eis gebrochen. Da wir nichts finden, worauf wir uns gemeinsam freuen können, suchen wir uns etwas, was wir gemeinsam verachten können. Wir beschließen, uns zuerst gemeinsam den Aachener Rosenmontagszug anzugucken, um uns über die Karnevalsspießer lustig zu machen. Danach beißt meine Freundin die Zähne zusammen und guckt Dom. Und schließlich beiße ich die Zähne zusammen und mache Wellness.

Hat's funktioniert? Aber hallo!

Der Zug: Ist voller süßer Kostüme und teilweise wirklich lustig. Im Dom: Muss meine Freundin lachen, als ein Kunstgeschichtsstudent erzählt, dass hier die Windel Christi als Reliquie verwahrt wird. Und beim Wellness? Massiert mich eine Holländerin und sagt: «Sie müssen aber schon lange im Urlaub sein, so entspannt, wie Sie sind.»

VERWANDTSCHAFT

Ein Enkel macht noch keine Oma

«Ich bin nicht die Oma, ich bin die Irene. Bitte sag nicht Oma zu mir. Hast du das verstanden?»

«Ja, Oma.»

Diesen Dialog habe ich neulich in einem Café in Berlin-Mitte aufgeschnappt. Ich hätte ihn genauso gut in Köln, Kaiserslautern oder Kühlungsborn hören können. Aber nicht vor zehn Jahren, nicht vor zwanzig Jahren oder vor fünfzig Jahren.

Großeltern, die keine sein wollen, sind neu. Eine frische historische Entwicklung des beginnenden 21. Jahrhunderts. Das ist zufällig genau die Zeit, in der wir Eltern werden. Pech für uns. Und vor allem für unsere Kinder.

Aber wir wollen nicht zu schnell in Tränen ausbrechen. Vielleicht hat die Frau, die einen Enkel hat, aber keine Oma sein will, ja recht. Vielleicht ist sie tatsächlich keine. Sie sieht ja auch nicht so aus. Für den Begriff «Oma» liefert unser kulturelles Gedächtnis das Bild einer älteren Dame, die am Kamin sitzt, ein Kleid trägt und ihre Brille, um sie aus Schusseligkeit nicht zu verlegen, an einer Kette um den Hals trägt. Das Wort verspricht schon lautmalerisch Weichheit und Zärtlichkeit: Die Oma kann – anders als die Eltern – ganz auf erzieherische Strenge verzichten und ständig das Leibgericht kochen, Süßigkeiten bereithalten und Wünsche erfüllen.

Die Frau in Berlin-Mitte, die darauf besteht, von ihrem

Enkel mit dem Vornamen angeredet zu werden, trägt hingegen eine Anzughose, einen modischen Pullover und – wahrscheinlich – Kontaktlinsen. Aus ihrer Handtasche holt sie keine Bonbons oder Taschentücher, um Tränen zu trocknen, sondern ein Mobiltelefon, auf dem gerade die Mutter des Enkels anruft, und ein Filofax.

«Dienstag? Dienstag ist schlecht. Da arbeite ich sehr lange. Wenn überhaupt kann ich erst ab 21 Uhr.»

Omas sind immer zu Hause. Irene anscheinend nur selten. Omas kriegen Rente. Irene arbeitet. Omas sind oft ein bisschen rundlich, zumindest aber weich. Irene ist schlank, wenn nicht sogar hager. Omas sind alt. Und Irene?

Ich kann sie nicht fragen, denn ihr kluger Enkel weiß, dass sie nicht ewig Zeit hat, und hat sie aus dem Café fortgezogen.

Wenn Kolleginnen oder Kollegen im Büro einen runden Geburtstag zu feiern haben, schicken sie eine Rundmail an alle Kollegen. Diese klingt mit jedem Lebensjahrzehnt ein bisschen anders:

- «Zu meinem Dreißigsten gebe ich einen aus! Feiert alle mit mir am 13. Mai nach Redaktionsschluss auf der Dachterrasse!»
- «Jetzt bin ich schon vierzig. Wer mit mir darauf anstoßen möchte, hat dazu bei Sekt und Schokoküssen heute nach Dienstschluss im Inland-Ressort die Gelegenheit.»
- «Schrecklich, aber wahr: Ich werde fünfzig. Bitte kondoliert mir am Kuchenbuffet, zu dem ich alle Mitarbeiterinnen und Mitarbeiter heute ab 18 Uhr in die Kantine einlade.»
- «Unsere Kollegin H. ist vor ihrem Sechzigsten in die Toskana geflüchtet und hat sich alle Gratulationen verbeten. Wir möchten ihr trotzdem nach ihrer Rückkehr

einen Blumenstrauß schenken und sammeln dazu heute bei jedem, der mitmachen will, zwei Euro ein.»

Trotzdem glaube ich nicht, dass das Problem der «Ich bin keine Oma»-Großeltern wirklich ihr Alter ist. Sie zählen viele Jahre, aber sie sind nicht alt, sondern fit, leistungsfähig und gesund wie früher Vierzigjährige. Und sie sehen auch so aus – na ja, einige. Ihr Problem ist nicht das eigene Alter, sondern die Jugend der anderen. In ihrer Jugend waren alle Alten verdächtig: als Kriegsverbrecher oder Nazi-Mitläufer. Alt war böse, jung war gut. Damit ist diese Generation weit gekommen, aber auf dem Weg ist das Gespür verloren gegangen, dass es unterschiedliche Generationen gibt, die unterschiedliche Erfahrungen machen und unterschiedliche Lebensstile haben – und dass dies gut so ist.

Die «Ich bin keine Oma»-Großeltern nannte man früher die 68er. Sie trautem keinem über dreißig. Heute trauen sie keinem unter vierzig. Diese Haltung ist so verbreitet, dass sie sogar die Sprache verändert. Das Präfix «Neo», das früher beim «Neonazismus» ein trauriges, randständiges Dasein führte, ist heute überall: alles ist plötzlich «neoliberal» oder «neokonservativ» oder neuerdings sogar «neokatholisch». «Neo» heißt eigentlich neu, meint aber das Gegenteil: Das ist gar nicht neu, sondern kommt einfach wieder – und hat eigentlich kein Recht dazu. Der 68er-Maler Georg Baselitz, der die Idee hatte, Bilder zu malen, die auf dem Kopf stehen, schimpft darüber, dass es in den Neunzigern mit der Leipziger Schule wieder erfolgreiche Malerei gibt, die auf den Füßen steht: «Denen hat wohl niemand gesagt, dass man heute nicht mehr so malen kann.» Der erfolgreichste der Leipziger Maler heißt sinnigerweise Neo Rauch.

Wer Neo sagt, meint: Eigentlich dürfte es nach uns gar nichts mehr geben. Aber natürlich gibt es noch etwas: Jüngere. Das ist für die «Ich bin keine Oma»-Großeltern schwer zu akzeptieren. Und ganz schwer wird es, wenn auch die Jüngeren nicht mehr ganz jung sind. Sondern Kinder kriegen.

Wenige Wochen bevor unser Junge geboren wird, spricht mich eine leitende Mitarbeiterin auf der Weihnachtsfeier des Unternehmens, bei dem ich arbeite, an: «Das ist schön, dass ihr euch für ein Kind entschieden habt.»

«Danke.»

«Das scheint ein neuer Trend zu sein. Dein Kollege Georg hat ja auch schon ein Kind. Das hätte es früher nicht gegeben, dass sich Leute aus unseren Kreisen in eurem Alter schon für Familie entscheiden. So jung.»

Als dieses Gespräch geführt wird, bin ich 29 Jahre alt. Der angesprochene Kollege ist 31.

Das findet die Mutter meiner Freundin nicht zu jung, um Vater zu werden. Sie hat ihr erstes Kind nämlich mit 21 bekommen – früh, wie fast alle Frauen in der DDR. Die Nachricht, dass sie Oma wird, hat sie dennoch nicht begeistert: «Ich soll schon eine Oma werden? Aber ich pass doch noch in meine Jeans!»

Nicht unser Junge löst die Bestürzung aus, sondern sein Cousin, der zwei Jahre vor ihm auf die Welt kommt. Und sie ist ernstlich bestürzt. Weil ihre jüngere Tochter auch schon mit 21 Mutter wird. Aber noch mehr, weil sie Oma wird – und gerade erst fünfzig geworden ist. Sie hat noch so viel vor! «Ich gehe doch noch tanzen. Und ich will doch noch um die ganze Welt reisen.» Auch sie möchte keinesfalls Oma genannt werden oder dass ihr Name in unserer Familie mit dem Zusatz Oma gebraucht wird. «Oma K. hat so schreckliche Kittelschürzen und Schlappen getragen und immer nur zu Hause herumgesessen.»

Das stimmt. Das weiß sogar ich, obwohl Oma K. aus einem kleinen sächsischen Städtchen längst tot war, als ich ihre Enkelin kennenlernte. Trotzdem ist sie, von der ihre Enkelin noch heute zärtlich als «Omi» spricht, mir keine Fremde: Selbstgebackene Plätzchen, die gelingen, sind «fast wie bei Omi». Wenn wir fernsehen, erzählt sie von Abenden, an denen sie mit Omi und Opi tschechische Märchenfilme oder «Da ist Musike drin» im DFF 1 geguckt hat. Dass bei Oma K. selbst «Ein Kessel Buntes» nur in Schwarzweiß zu sehen war, hat sie nicht gestört. «Omi» K. hat als Köchin in einer Kita gearbeitet, bevor sie in Invalidenrente ging. Wir haben Rezepte von ihr übernommen, ein paar Sprichwörter und sogar einige alte Möbelstücke. Im sozialistischen Plattenbau und später im neuen Reihenhaus ihrer Eltern war dafür kein Platz: In die Altbauwohnungen meiner Freundin haben sie immer gepasst.

Omi K. hat dem Kind, das meine Freundin einmal war, Kakao gekocht, ihm Marzipanschnecken vom Bäcker geholt, ihm Milchreis mit Plinsen gekocht und es bei sich im Bett schlafen lassen. «Eine richtige liebe Oma», schwärmt ihre Enkelin noch heute. Allerdings ist K. nie verreist. Sie ist auch nicht tanzen gegangen. Wir wissen nicht einmal, ob sie auch nur einmal in ihrem Leben im Kino war. Und all das ist ihrer Tochter, die keine Oma sein will, wichtig. Sie hat Angst, als Oma etwas zu verpassen.

Als sie erfährt, dass sie Oma wird, passt sie tatsächlich noch in ihre Jeans. Sie hat auch als Fünfzigjährige noch eine beinahe mädchenhafte Figur. Oft genug tanzen geht sie zu diesem Zeitpunkt allerdings nicht, meint sie. «Wir gehen doch ständig tanzen», knurrt ihr Mann. Auch bei Partys fühlt sie Nachholbedarf und ihr Mann nicht. Die Geburt ihres ersten Enkels kommt zu einem Zeitpunkt, an dem sie ihr Leben gerne ein wenig verändern würde, aber das Eigenheim noch lange nicht abbezahlt ist. Und dass ihre Kinder jetzt Kinder kriegen, verstärkt ihr Gefühl, etwas verpasst zu haben.

Das ist ein bisschen traurig.

Aber dafür können die Enkel eigentlich nichts.

«Meint ihr, ich könnte den Kleinen bitten, mich Großmama zu nennen? Das klingt vielleicht nicht ganz so alt», fragt sie ihre Töchter.

«Großmama klingt nach 19. Jahrhundert», sagt meine Freundin: «Dann musst du dich konsequenterweise von deinem Enkel auch siezen lassen.»

«Oder du nennst dich Grandma, weil Englisch frischer klingt», fügt ihre genervte Schwester hinzu: «Wobei Grandma Gerda in meinen Ohren vor allen Dingen komplett bescheuert klingt.»

Wir wissen noch nicht, ob der Junge seine Oma später Oma nennen darf oder mit dem Vornamen anreden soll. Wir wissen auch noch nicht, was die beiden später miteinander anfangen sollen. Nach Plätzchenbacken vor Weihnachten wird Großmama kaum der Sinn stehen. Sie freut sich eher auf die Weihnachtsparty der Feuerwehr. Statt ihren Enkel in den Topf gucken zu lassen, würde sie lieber selbst gute Restaurants entdecken. Und sie hat in ihrem Leben wohl zu viele Fernsehabende erlitten, um jetzt gemütlich mit einem kleinen Jungen auf dem Sofa zu lümmeln.

Warum sollen Frauen nicht noch in Jeans passen und trotzdem etwas mit ihren Enkeln anfangen können? Ja, aber was? Das müssen die neuen Omas und ihre Enkel vielleicht selbst herausfinden. Bisher hat sie ihn noch nicht in ihren Alltag, aber doch schon in ihre unerfüllten Bedürfnisse und Träume eingebaut. Zu seinem ersten Geburtstag schenkt sie ihm ein Köfferchen, auf dem der Hase Felix aufgedruckt ist.

«Warum ein Koffer?», fragen wir

«Wenn du groß bist, kleiner Mann», sagt sie in seine Richtung, «dann verreisen wir um die ganze Welt. Nur wir beide. Bezahlen muss deine Mama für uns. Und damit du das nicht vergisst, habe ich dir jetzt schon einen kleinen Koffer geschenkt.»

Unser Junge hat noch eine zweite Großmutter. Eine, die sich gerne Oma nennen lässt.

Sie ist berufstätig. Aber nachmittags zu Hause. Sie weiß sehr viel über Erziehung, hätte aber überhaupt kein Problem damit, alles zu vergessen und ihrem Enkel jeden Wunsch zu erfüllen.

Sie würde gerne einen Vorrat an Süßigkeiten anlegen. Sie ist viel beschäftigt, aber für ihren Enkel hätte sie immer Zeit.

Sie passt übrigens auch nicht mehr in ihre alten Jeans.

Sie hat nur ein Problem: Ihr Enkel lebt 500 Kilometer entfernt von ihr. Das macht ihr zu schaffen: «Ich bin ja leider Gottes gar keine richtige Oma. Ich bin nur eine Oma fürs Fotoalbum.»

Das ist ein Problem, für das ich weder die 68er noch die Ossis verantwortlich machen kann: Ich bin mit zwanzig Jahren zu Hause ausgezogen. Jetzt wohne ich schon ein paar Jahre in Berlin, und meine Überzeugung ist noch gewachsen, dass ich hier lieber lebe als in meiner kleinen westdeutschen Heimatstadt. Außer wenn ich einmal unbedingt einen Nachmittag zum Arbeiten brauche. Außer wenn unsere Babysitterin keine Zeit hat. Außer wenn meine Freundin und ich spontan eine Abendeinladung bekommen. Außer wenn sich der Junge aus der Kita eine Kinderkrankheit geholt hat und wir am fünften Fiebertag einfach nicht mehr können. Dann denke ich: Auch in westdeutschen Kleinstädten gibt es ein, zwei gute Restaurants, abends ist weniger los, aber dafür wäre ich jeden zweiten Samstag auf Schalke.

Aber es gibt kaum Jobs für Leute mit unseren Berufen im Ruhrgebiet.

Und meine Freundin käme sowieso nicht mit.

Also: Dass wir keine Großeltern vor Ort haben, ist ganz allein unsere Schuld.

Nur die Oma sieht das anders.

«Ich mache mir Vorwürfe, weil ich so wenig dabei bin. Der kleine Schatz hat so wenig von mir.»

«Da musst du dir doch keine Vorwürfe machen. Ich bin doch weggezogen», sage ich.

«Ja, aber es ist doch traurig, dass der kleine Schatz jetzt darunter leidet.»

Kenner haben schon jetzt gemerkt: Meine Mutter wurde gut katholisch sozialisiert. Dazu gehören weniger der Glaube an die Jungfrauengeburt oder die Ablehnung von Sex vor der Ehe, sondern vielmehr zwei Grundeinstellungen gegenüber der Welt. Erstens: Ich bin schuld. Zweitens: Andere müssen unter meinen Fehlern und Schwächen leiden.

Wobei leiden ein sehr relativer Begriff ist. Es ist nämlich gar nicht so, dass unser Sohn seine ferne Oma nie sieht. Das erste Mal hat er sie gesehen, da war er noch keine vierundzwanzig Stunden auf der Welt. Ich hatte um zwei Tage Ruhe nach der Geburt gebeten, weil alle Beteiligten furchtbar erschöpft waren. Aber da saß die frischgebackene Oma mit dem frischgebackenen Opa, der frischgebackenen Tante und dem frischgebackenen Onkel schon im Zug. Sie hatten nach dem ersten Anruf sofort Fahrkarten gekauft. Nicht etwa nach dem Anruf, dass der Junge auf der Welt ist, sondern nach dem Anruf, dass die Wehen begonnen haben.

Die große Angst meiner Mutter ist es, nur eine «Fotoalbum-Oma» zu sein. Diesen Begriff kannte ich vorher gar nicht. Vielleicht hat ihn meine Mutter auch erfunden, um ihre Angst zu illustrieren. Sie fürchtet, der Junge würde eines Tages im Fotoalbum blättern, sie auf einem Bild von seiner Taufe oder Kommunion entdecken und fragen: «Wer ist denn diese Frau?»

Um das zu verhindern, ergreift meine Mutter Maßnahmen. Der Junge bekommt regelmäßig Pakete aus Wanne-Eickel geschickt. Darin sind besonders schöne Spielsachen oder Kleidungsstücke. Meine Freundin und ich werden am Telefon sorgenvoll befragt, ob die Sachen auch gefallen, und dann angewiesen, dem Jungen einzuschärfen: Das ist von deiner Oma. Das tun wir, aber erst, seitdem die ferne Oma das Versprechen abgegeben hat, künftig nur noch ein Paket im Monat zu schicken.

Außerdem wird jeder Anlass genutzt, um zu uns nach Berlin zu reisen – von Geburts- und Namenstagen über Feier- und Brückentage bis zu besonderen kulturellen Ereignissen und Pokalendspielen. Meine Freundin macht gute Miene zum Besuchsspiel. Aber ich hege den Verdacht, die Besuche ihrer Schwiegereltern beginnen ihr auf die Nerven zu fallen. Verabredungen sagt sie gegenüber Freunden und Bekannten nur mit dem Zusatz zu: «Wenn meine Schwiegereltern nicht wieder da sind.» Als neulich in der Zeitung steht, es gebe wieder eine Love Parade, fragt sie: «Meinst du, dafür kommen deine Eltern nach Berlin?»

Sie kommen nicht immer. Manchmal fahren wir auch hin. Einmal haben wir den Jungen sogar für drei Tage allein bei seinen Großeltern gelassen. Da fiel für die Großeltern Weihnachten und Ostern auf einen Tag, und das gleich dreimal hintereinander.

Als wir aufbrechen, übt die ferne Oma mit dem Enkel: «Sag mal: Oma. Ooooooma. Oma. Sag mal Oma.» Ich habe gewettet, dass der Junge Oma sagen kann, wenn wir aus

Holland zurückkommen. Tatsächlich hat er ein neues Wort gelernt. «Sag mal Tor», ruft ihm mein Vater zu: «Tooooor.» Und mein Junge sagt tatsächlich «Toooor» und reißt dabei lachend die Arme hoch.

Überhaupt, sosehr er seine ferne Oma gern hat, noch mehr liebt er seinen fernen Opa. Wir wissen nicht, warum, aber immer, wenn er ihn sieht, beginnt er zu lachen. Vielleicht weil er der einzige Brillenträger in der Familie ist? Oder ein Mann, der nicht so streng guckt wie ich? Oder weil er so einen bequemen Bauch hat? Wir wissen es nicht.

Zurück in Berlin, hat unser Junge rasch verlernt, «Tor» zu rufen. Aber wenn wir im Fotoalbum blättern und zu den Seiten kommen, auf denen die Bilder von seiner Taufe sind, dann zeigt er auf seine ferne Oma, die sich solche Sorgen macht, ob sie eine gute Oma ist. Und er guckt nicht fragend, sondern er lächelt. Wenn er aber auf den Opa zeigt, dann lacht er.

Es scheint heute nicht mehr leicht, Enkel zu haben. Aber vielleicht entsteht ein neues Bild von der Großmutter, so wie ein neues Mutterbild entstanden ist und ein neues Vaterbild gerade entsteht. Das neue Großmutterbild wird wohl tatsächlich eher ein Bild von einer Großmutter sein als von einer Oma. Denn die weiche, liebe Person, die immer zu Hause war, die wird aus vielen Frauen der 68er-Generation nicht mehr. Aber vielleicht eine Großmutter: eine mit Autorität, die eher gute Ratschläge bereithält als Süßigkeiten und sich um ihre Enkelinnen und Enkel eher in einer reflektierten als einer emotionalen Weise kümmert. Die nicht immer da ist, aber immer, wenn man sie braucht. Eher ein Marion-Gräfin-Dönhoff-Typ als ein Brigitte-Mira-Typ. Vielleicht.

Bleibt die Frage, wo die Enkel die Süßigkeiten herkriegen

und die Erlaubnis zum späten Fernsehen, wer ihnen das Leibgericht kocht, wer sie zärtlich drückt und wer gerne nicht so streng ist wie die Eltern. Da bleibt ja eigentlich nur noch der Großvater. Oder wohl eher: der Opa.

Überschüttet mit Liebe … und mehr

Mein Sohn hat bis heute kein einziges Spielzeug von seinem Vater geschenkt bekommen. Kein Kleidungsstück, das er trägt, habe ich ausgesucht. Seine zahlreichen Bilder-, Tier-, Fühl- und Malbücher haben andere gekauft. Auch die Matchboxautos und der geliebte kleine Bagger sind nicht von mir.

Ich hätte ihm gerne etwas geschenkt. Aber die Verwandtschaft war immer schneller.

Seine Tante schenkt ihm ergonomisch optimal geformte Malmäuse – lange bevor er zum ersten Mal mit einem Stift kritzelt. Seine Großeltern schenken ihm einen kleinen Bagger – bevor er zum ersten Mal eine Baustelle gesehen hat. Er hat ein Telefon, bevor er sprechen kann, einen kleinen Hammer, bevor er ihn heben kann, und seine ersten Sandalen stehen schon mitten im Winter im Regal.

Am Anfang versuche ich mitzuhalten. Ich passe genau auf, ob er vielleicht durch eine deutende Handbewegung oder einen intensiven Blick auf einen Gegenstand einen Wunsch verrät – damit wenigstens einmal ich es bin, der ihn erfüllen kann. Als er mit Begeisterung immer wieder auf die Arbeiter und ihre Gerätschaften auf einer Baustelle vor unserer Haustür zeigt, habe ich eine Idee. Aber zu spät: Meine Freundin war schon bei Karstadt und hat ihm einen kleinen Lastwagen mitgebracht.

Ich muss schneller werden, denke ich. Aber dann kommt der Moment, in dem ich einsehe: In diesem Wettlauf bin ich chancenlos! Ich habe mein erstes Auto gekauft, als ich dreißig war. Mein Sohn bekommt seins zum ersten Geburtstag – von seinem Opa.

Schon Wochen vorher betrat Opa voller Freude den Verkaufsraum des Volkswagen-Autohauses in seiner Stadt: «Guten Tag, ich möchte ein Auto für meinen Enkel kaufen.»

«Woran haben Sie gedacht? An einen New Beetle vielleicht?»

«Nein, etwas kleiner.»

«Einen Golf?»

«Noch kleiner.»

«Lupo?»

«Nein. Noch kleiner bitte.»

Der Verkäufer war schon von freudiger Erwartung in Skepsis gewechselt und stand auf der Schwelle zur Enttäuschung, als mein Schwiegervater in spe sagt:

«Den allerkleinsten, den es gibt, bitte.»

«Meinen Sie den Polo 60?»

«Nein, den da im Schaufenster.»

Dort stand der erste Wagen meines Sohnes. So klein ist er gar nicht. Ungefähr einen halben Meter lang. Nicht schlecht für ein Kinderauto. Es wird nur in Lizenz hergestellt, aber es sieht wirklich aus wie ein kleiner Volkswagen. Mit einer VW-Hupe, VW-Rädern und reflektierenden Rückleuchten. Auf der Unterseite gibt es sogar echte TÜV-Siegel. Der erste Wagen meines Sohnes ist solider gebaut als andere Kinderautos und macht auch mehr her. Weil er auch höher ist als gewöhnliche Kinderautos, kann der Junge allerdings lange nicht draufsteigen, sondern ihn nur durch die Gegend schieben. Aber ich habe den Eindruck, dass mein Sohn diesen Nachteil gerne in Kauf genommen hat. Meine Freundin behauptet, einmal beobachtet zu haben, wie er mit dem Ärmel kurz das silberne Fabrikatszeichen poliert hat.

Das hört Opa gerne. Selbstverständlich wäre ein anderes Kinderauto günstiger gewesen. Aber nicht so gut, nicht so robust, nicht so eine deutsche Wertarbeit. Opa selbst hat vor der Wende lange auf seinen Trabi gewartet. Heute fährt er, da er ein Haus abbezahlen muss, einen Wagen, der in Korea zusammengeschraubt wurde. Als wir beobachten, wie glücklich der Großvater beim Kindergeburtstag den VW montiert, erkennen wir: Wer ein Kind beschenkt, macht sich selbst glücklich.

Und erstaunlicherweise nutzt sich dieses Gefühl nicht ab. Darauf hatten wir im Stillen gehofft. Für die Zeit nach der Geburt rechneten wir mit einer Welle von Püppchen, Stramplern, Mützchen und Büchlein. Es ist ja selbstverständlich, dass niemand ein Neugeborenes und seine frischen Eltern mit leeren Händen besucht. Wir wollten die Welle einfach über uns hereinbrechen lassen und dann weitersehen. Wir warteten. Einen Monat. Zwei Monate. Ein halbes Jahr. Aber sie brach nicht. Irgendwann sprachen wir nicht mehr von der Welle, sondern von der Flut. Seit unser Sohn auf der Welt ist, hat er nicht aufgehört, von unseren Familien Geschenke zu bekommen.

Dabei lebt niemand aus unserer Familie in Berlin. Aber sie kommen, seit es den Jungen gibt, oft zu Besuch. Und alle haben etwas dabei. Mitbringsel, Souvenirs, Kleinigkeiten, Neuheiten und Erinnerungsstücke, großartige und großherzige Geschenke: Jedes einzelne könnten wir zu schätzen wissen. Aber die Masse erschlägt uns. «Was ist denn hier passiert?», sagen die Leute, die in der nächsten Sekunde ihr Geschenk zücken, wenn sie unsere Wohnung betreten: Bei uns sieht es aus, als sei ein vollgepackter Lieferwagen einer Spielzeugfirma mit voller Wucht in zwei Bücherregale gerast.

Dabei fing alles ganz harmlos an. Als wir noch von einer Geschenkewelle sprechen, sagt meine Freundin: «Ich habe eine große Kiste gekauft und diesen Weidenkorb. Da kommt das ganze Spielzeug rein. Dann weiß er immer, wo es ist, und lernt irgendwann sogar, es nach dem Spielen zurück an seinen Platz zu legen.»

«Und wo ist dieser Platz?»

«In der untersten Ebene deines Bücherregals.»

Das habe ich eingesehen. Wir haben viele Bücher zu Hause und Bücherregale hoch bis zur Decke. Freunde verspotten uns seit Jahren, ein gemeinsamer Bücherfetisch sei die eigentliche Grundlage unserer Beziehung. Das stimmt nicht: Wir kultivieren beide einen Bücherfimmel, aber wir kultivieren ihn nicht gemeinsam, sondern getrennt. Wir teilen Tisch und Bett, CD-Sammlung und PC, Hausarbeit und Kindererziehung, Alltag und Urlaub, aber unsere Hausbibliotheken stehen sich auch fünf Jahre nach unserem Einzug in eine gemeinsame Wohnung noch getrennt gegenüber: im gleichen Zimmer, einander zugewandt, aber doch für sich. Gäste fanden dieses Arrangement oft seltsam, aber uns erschien es als ein schönes Sinnbild unserer Beziehung. Außerdem konnten wir uns nicht einmal darauf einigen, wer die drei Bücher verschenkt, die wir doppelt haben.

«Die nächste Ebene brauchen wir auch noch.»

«Wofür?»

«Für sein Lieblingsspielzeug. Sein Lieblingsspielzeug soll er nicht jeden Tag einräumen müssen. Zum Beispiel einen Teddy oder Puppen, die er bald liebgewinnen wird. Die müssen dann nicht in die Kiste oder den Korb, sondern bekommen einen eigenen Platz, wo sie schlafen und er ihnen abends gute Nacht sagen kann.»

Das habe ich auch eingesehen. Also räume ich die zweitunterste Ebene meines Bücherregals frei: Dort verstaubten bis dahin die Klassiker aus meinem Geschichtsstudium. Jetzt müssen Sebastian Haffners Werke, Joachim C. Fests Hitler-Biographie und meine Originalausgabe von Eugen Kogons «Der SS-Staat» Platz machen für die aktuellen Lieblinge meines Sohnes. Das sind allerdings weder Teddys noch Puppen, sondern Bagger, Traktoren und Feuerwehrautos. Wo bis vor kurzem die grundlegenden Werke über den Nationalsozialismus standen, ist jetzt ein Fuhrpark für Nutzfahrzeuge. Ich weiß nicht, ob mein Junge ihnen gute Nacht sagt oder er nur Einparken übt.

Ich erwähnte bereits, dass unsere Bücherregale den Eindruck machen, ein Laster mit Spielzeug sei hineingerast. Aber das ist nichts gegen unser Schlafzimmer. Das sieht nämlich aus, als sei ein Flugzeug voller Babykleidung darauf abgestürzt. Der mannshohe Haufen von Pullis, Hosen, Lätzchen, Mützchen und Schals war einmal eine neu aufgebaute Kommode mit fünf großen Schubladen. Aber längst quillt alles über. Und der Nachschub rollt immer noch.

Unsere Oma im Ruhrgebiet strickt. Sie hat früher auch gestrickt, als meine Schwester und ich klein waren. Sie strickt schicke Sachen und orientiert sich an den aktuellen Modezeitschriften. Wir sind in der Schule für unsere Strickpullover nicht gehänselt, sondern beneidet worden. Irgendwann waren wir trotzdem zu alt für Selbstgestricktes. Seitdem hat meine Mutter in ihrer Freizeit gelesen, Theater besucht, einfach nur auf dem Sofa gesessen oder einen Rotwein getrunken. Aber jetzt strickt sie wieder. Immer, wenn sie daran denkt, dass sie ihren bisher einzigen Enkel nicht sieht, weil er in Berlin lebt, strickt sie. Also jeden Abend.

«Wie viele Pullover soll der Junge noch kriegen?», fragt mein Vater, wenn seine Frau beim Fernsehen wieder mit den Nadeln klappert.

«Was soll ich machen? Ich vermisse ihn doch so.»

«Die wissen in Berlin doch gar nicht mehr, wohin mit den ganzen Pullis!»

«Das sollen sie mir selbst sagen.»

«Und dann hörst du auf?»

«Nein. Dann strick ich abends und trenn morgens eben wieder auf.»

Sie strickt nicht nur gegen ihre Angst an, vom fernen Enkel nichts mitzubekommen. Sie hört auch genau auf das, was wir von ihm berichten. Wenn sie ihn schon nicht persönlich bei jedem kleinen Entwicklungsschritt begleiten kann, dann will sie uns wenigstens das jeweils passende Spielzeug schenken. Einmal erzählen wir, wie unser Sohn mit Hilfe meines Autoschlüssels versucht, Schrauben in den Möbeln zu lösen, und wie er mit Hingabe beim Aufbau eines Ikea-Regals mit dem Inbusschlüssel hantiert.

Bei der nächsten Gelegenheit bekommt er von seiner Oma eine kleine Werkbank aus Holz geschickt – mit hölzernem Schraubenzieher, hölzernem Schraubenschlüssel und sogar einem kleinen hölzernen Schraubstock. Zwei Tage nachdem wir von seiner anhaltenden Begeisterung für die Baustelle in unserer Straße berichtet haben, bekommen wir ein Paket mit der Post: Darin ist ein detailgetreues Modell des Baggers, der am meisten auf deutschen Baustellen verwendet wird. Unser Bericht, unser Sohn versuche jetzt, Schlüssel in Schlüssellöcher zu stecken, führt erst zu einer Internetrecherche mit dem Ergebnis, dass es noch keine Spielschlösser gibt, und dann zu einer wahren Odyssee meiner Eltern durch die Baumärkte des Ruhrgebiets: Mit welchem Schloss könnte er wohl am besten spielend lernen, ohne sich scharfen Kanten oder spitzen Ecken auszusetzen?

Unsere Wohnung wird voller und voller. Und unser Junge wirkt zwischen all den Dingen schon etwas verloren – und überfordert. Wir müssen eine harte Entscheidung treffen: Alles, was nicht in täglichem Gebrauch ist, kommt weg. Und zwar nicht in mein Bücherregal! Sondern in das meiner Freundin. Allerdings räumt sie ihre Bücher nicht hoch, sondern runter: Spielzeug, das unseren Sohn noch kaltlässt, stellt sie ganz oben auf ihr Regal. Dort fängt es Staub und ängstliche Blicke von Besuchern, die fürchten, von einem aus zwei Metern herabstürzenden Blechkreisel erschlagen zu werden. Daneben steht – noch gefährlicher – ein hölzerner Roller von seiner Großtante aus dem Sächsischen. «Von so einem Roller habe ich als Kind immer geträumt», hat sie erzählt, und ihr Mann hat ihn spontan bei uns im Wohnzimmer zusammengeschraubt. Damit er in jedem Fall fertig ist, wenn unser Sohn in ein bis zwei Jahren damit losfahren möchte.

«Was kommt als Nächstes? Eine Vespa zur Einschulung?», habe ich meine Freundin gefragt, nachdem der Roller am ersten Weihnachtsfest meines Sohnes ausgepackt war.

«Das wäre doch klasse», meint sie. «Ich könnte die Vespa dann für ihn einfahren – ein paar Jahre lang.»

Noch gab es keine Vespa für das Kita-Kind. Das langfristigste Investment oben auf dem Bücherregal bleibt der Hase-Felix-Koffer, mit dem unsere ostdeutsche Oma mit unserem Sohn auf Weltreise gehen will.

Es gibt eben Geschenke für jetzt und Geschenke für später.

Und dann gibt es noch Geschenke, die sind fürs Leben.

Der Patenonkel meines Sohnes und der Opa meines Sohnes haben ihn beim Fußballverein FC Schalke 04 angemeldet. Bei Schalke. Ein Baby. Aus Berlin. Hm. Andererseits: Warum auch nicht? Der Mitgliedsbeitrag kostet für Babys drei Euro im Jahr, dafür hat er eine Urkunde, einen Schlüsselanhänger und Vorkaufsrecht für Heimspiele in der nur

550 Kilometer entfernten Arena. Sein Opa und sein Onkel haben unseren Sohn damit zur Taufe überrascht. Und uns auch.

«Der Junge muss doch Schalker werden», haben sie gesagt.

«Aber wir wissen doch gar nicht, ob er sich später für Fußball interessiert.»

«Warum sollte er sich denn nicht für Fußball interessieren? Du bist doch auch Schalke-Fan geworden! Selbst du!»

«Aber er wächst doch in Berlin auf!»

«Das ist nicht unsere Schuld. Und seine auch nicht.»

Geschenkt ist geschenkt. Meine Freundin und ich glauben, dass man als Eltern nicht das Recht hat, den übrigen Familienmitgliedern vorzuschreiben, womit sie dem eigenen Kind eine Freude machen wollen. Mit der Meinung stehen wir relativ allein. In unserer Umgebung versuchen viele pädagogisch bewusste Eltern die Erziehung ihrer Kinder so weit zu lenken, dass alle Geschenke von der Verwandtschaft vorher mit ihnen abgesprochen werden müssen. Die Großeltern dürfen dann Puppen für ein Kasperletheater schenken, aber nur die kindgerecht entworfenen und ökologisch hergestellten von einem bestimmten Puppenmacher. Ein Fußball darf, wenn es denn sein muss, geschenkt werden, aber nur einer, dessen garantiert kinderarbeitsfreie Herstellung eine NGO überwacht. Je größer die Unterschiede zwischen Eltern und Großeltern in Alter, Bildung und Milieu sind, desto erbarmungsloser ist die Kontrolle vor Weihnachten, Geburtstag oder Schulanfang. Bekannte von uns verschicken allen Ernstes schon Wochen vorher die Kataloge von *hessnatur* («Natürlich leben von Anfang an»), *Purpur* («So viel Sinne, so viel Spaß») und dem angesagten Kindermöbelhersteller *Stokke* an ihre bedauernswerten Angehörigen. Ich gebe zu, es ist unangenehm, von Handys, schauderhaften japanischen Kampfrobotern oder einer Barbie-Schultüte überrascht zu werden. Aber dass Großeltern ihre Geschenke vorher genehmigen lassen müssen, ist nicht nur demütigend, sondern verdirbt auch die Freude – bei denen, die schenken, und bei denen, die beschenkt werden.

Deshalb kann bei uns jeder schenken, was er will. Und so fließt manches ungestillte Bedürfnis und manche Schrulle von nahen und fernen Familienmitgliedern in die frühkindliche Entwicklung unseres Sohnes ein. Das hat den Vorteil, dass man später genau weiß, woher das Kind seine Neurosen hat. Kommt es so schlimm, dass er ein VW-fahrender Schalke-Fan wird, der mit seiner Großmutter verreist? Hoffentlich nicht. Aber wenn, weiß ich wenigstens genau, wer daran schuld ist.

Im Westen sind die Verwandten blau

Das Funktelefon klingelt. Auf dem Display sehe ich, dass meine Schwester anruft. Ich will «Hallo» sagen, aber sie wartet nicht, bis ich mich gemeldet habe, sondern redet sofort grußlos auf mich ein. Ihre gepresste Stimme verrät einen Zustand irgendwo zwischen Angst und Entsetzen: «Du musst dafür sorgen, dass kein Mist passiert. Du wirst jeden Unfug im Keim ersticken. Hörst du? Ich mache dich persönlich dafür verantwortlich! Du bist meine letzte Hoffnung!»

In diesem Ton redet meine Schwester nicht häufig mit mir. Warum tut sie es jetzt? Es sind noch vier Wochen bis zu ihrer Hochzeit. Wir wollen zu ihrem großen Tag mit kleinem Kind anreisen. Das ist bereits detailliert vorbereitet, von A (wie Anreise über Autobahn schon am Vortag, um kind- und/oder stauinduzierte Verspätungen auszuschließen) über N (wie Neues Kleid, in dem das Dekolleté meiner noch stillenden Freundin optimal zur Geltung kommt) bis Z (wie Zimmer fürs Kinderreisebettchen in Babyphonreichweite vom Gartenlokal). Der Ablauf der Hochzeit selbst ist schon seit Monaten, wenn nicht Jahren geplant. Und ihren zukünftigen Mann kennt meine Schwester noch länger.

Deshalb bin ich bei ihrem Anruf überrascht. Warum höre ich heute zum ersten Mal Zweifel in ihrer Stimme? Dafür ist sie eigentlich nicht der Typ. Meine Schwester hat keine Zweifel, was das Richtige im Leben ist – und schon gar nicht in ihrem Leben. Angst vor der eigenen Courage kennt sie auch nicht. Sie ist sogar mutig genug, den Familiennamen ihres Zukünftigen anzunehmen, obwohl sie in einer akademischen Umgebung arbeitet.

Was also fürchtet die Furchtlose?

Sie wird an einem Samstag im Spätsommer getraut. Ein schöner Termin mit einer hohen Wahrscheinlichkeit, dass es nach der Trauung nur Blumen oder Geldstücke regnet, denn die Sonne scheint an diesem Tag garantiert. Zufällig ist der erste Samstag im August aber auch der erste Spieltag der neuen Bundesligasaison. Das ist das Problem. Meine Familie ist, vorsichtig ausgedrückt, fußballinteressiert.

Mein Vater besitzt einen Wecker, der morgens ruft: «Steh auf, wenn du Schalker bist!» Ich hatte auch so einen, bis ich mit meiner Freundin zusammenzog. Die *Kicker*-Stecktabelle hängt in unserer Wohnung in einem toten Winkel, bei meiner Schwester und ihrem Gatten in spe hingegen an der Küchenpinnwand. Bis jetzt hat meine Schwester von der Schalke-Begeisterung unserer Familie immer profitiert: Ihre Eltern und die Eltern ihres Freundes konnten sich in sehr ungezwungener Atmosphäre kennenlernen – beim Schauen der Auswärtsspiele auf Premiere. Längst haben alle ihre Jahreskarten nebeneinander.

«Schön und gut», sagt meine Schwester. «Aber ich will auf keinen Fall, dass auf meiner Hochzeit das Wort ‹Schalke› fällt! Bitte nicht! Und du wirst mithelfen, das zu verhindern!»

Wem die Angst meiner Schwester absurd scheint, der ist nicht aufgewachsen, wo wir aufgewachsen sind. Der hatte sicher auf seinem Gymnasium keinen Lehrer, der seinen Biokurs sehr sensibel über Sexualität, Schwangerschaft, Geburt und Kindesentwicklung so aufklärte: «Manche Babys sprechen zuerst das Wort *Mama*, andere sagen zuerst *Papa*. Das ist beides völlig in Ordnung. Das heißt überhaupt nicht, dass ein Elternteil mehr geliebt wird oder dass der andere etwas falsch macht.»

Nach einer kurzen Pause blickt der Biolehrer auf seine interessiert guckenden Schüler und fügt hinzu: «Mein Neffe hat übrigens zuerst *Abramczik* gesagt.»

Wem die Angst meiner Schwester absurd scheint, hat auch nie eine Lautsprecherdurchsage während eines Fußballspiels gehört, wie sie in meiner Kindheit regelmäßig zwischen der Ankündigung einer Auswechslung und der Bekanntgabe der Zuschauerzahlen durch das Gelsenkirchener Parkstadion hallte: «Wir gratulieren Herrn Sawatzki aus Gelsenkirchen-Bismarck. Er ist gerade Vater eines Sohnes geworden.»

Und den Antwortruf aus tausend Kehlen: «Und wir werden immer mehr. Hallelujah!»

Auch wenn bisher vielleicht ein anderer Eindruck entstanden ist: Weder unsere Familie noch die Familie meines Schwagers besteht aus Fußballproleten. Der Schwiegervater meiner Schwester etwa ist evangelischer Pastor. Ihn laden Gemeinden aus dem halben Ruhrgebiet ein, weil er dafür bekannt ist, das Evangelium sehr politisch und oft mit tagesaktuellem Bezug auszulegen. Er bezieht seine Predigten gerne auf den Irakkrieg, den Nahostkonflikt oder die Reformen am Arbeitsmarkt – manchmal allerdings auch auf den späten Ausgleichstreffer vom Vortag.

Schalke hat nicht wirklich etwas mit Sport zu tun. Es geht nicht um Fußball, sondern um Identität. Schalke ist im Ruhrgebiet das, was in Ostberlin einmal die PDS war und in Bayern vielleicht der Dialekt ist. Es gibt schlimmere Identitäten: Man kann sich auch über eine politische Haltung definieren, über sein Einkommen oder sein Konsumniveau oder über seine Essgewohnheiten. Mit meiner Familie bin ich der Meinung: Besser Schalke als Vegetarismus.

Vegetarier müssen auf Fleisch verzichten. Schalker müssen gar nicht verzichten. Es ist eine virtuelle Identität, deshalb funktioniert sie bei uns so gut: Wir sind nicht alle Akademiker. Wir sind nicht alle verheiratet. Wir sind nicht alle katholisch. Wir sind nicht alle wohlhabend. Wir sind nicht alle links.

Aber wir sind alle blau. Königsblau. Schalke hilft gegen die Leere und die Langeweile, die in unspektakulär funktionierenden Familien entsteht. Wir haben Gesprächsstoff, ohne dass wir uns Gedanken machen müssen. Wir feiern Siege ohne Anstrengung und erleiden Niederlagen ohne reale Verluste. Als Kind habe ich Männer weinen sehen im sicheren Wissen, dass nichts wirklich Schlimmes geschehen war. Aber an ihrem Hochzeitstag will meine Schwester richtiges Leben. Echte Freunde. Echte Tränen. Ihr Hochzeitstag soll also ein Tag ohne Schalke sein.

Das verstehe ich. Ich werde also vor der Hochzeitsmesse durch die Reihen gehen und Miniradios einsammeln. Ich werde dem Organisten sagen, dass das Brautpaar ganz bestimmt nicht zu «Blau und Weiß, wie lieb ich dich» aus der Kirche ausziehen will, und dem Pfarrer, dass bei den Verkündigungen von der Kanzel kein Halbzeitergebnis dabei sein muss.

«Mach dir keine Sorgen», tröste ich sie: «Ich regele das. Verlass dich darauf. Außerdem: Das erste Spiel in der Saison ist doch noch nicht wichtig. Vielleicht wird es ja ein Auswärtsspiel in Bielefeld oder so etwas. Oder du hast ganz viel Glück, und die Partie wird erst für Sonntag angesetzt.»

Ich bin auf der Seite meiner Schwester. Das Schicksal ist es nicht.

Drei Tage später ruft sie schon wieder an. Und jetzt klingt sie nicht mehr ängstlich, sondern panisch:

«Weißt du es schon?», brüllt sie.

«Was?»

«Der Spielplan ist da.»

«Und?

«Ein Auswärtsspiel hast du mir versprochen! Bielefeld hast du mir versprochen! Ein Spiel, das nicht wichtig ist, hast du mir versprochen!»

Sie ist offen hysterisch. So habe ich sie noch nie erlebt.

«Was ist es denn geworden?», frage ich und füge an: «So schlimm kann es gar nicht sein.»

Sie knallt wortlos den Hörer auf.

Ich schaue selbst nach. Auf der Internetseite vom *Kicker* will ich den Spielplan anklicken, doch schon auf der Startseite fällt mein Blick auf die Topmeldung: «Der Derby-Knaller im Revier: Schalke empfängt am ersten Spieltag Borussia Dortmund!»

Die Hochzeit meiner Schwester ist trotzdem keine Schalke-Hochzeit geworden. Einige Gäste, die gar nicht von so weit her anreisten, verspäteten sich zwar zufällig um ein paar Stunden und kamen erst zum Abendessen. Aber alle, die pünktlich kamen, haben sich am Brautpaar gefreut und nicht am späten 2:2-Ausgleich. Ich habe das Spiel nicht gesehen. Aber dieses Derby werde ich trotzdem mein Leben lang in Erinnerung behalten.

Der aufmerksame Leser vermutet jetzt, der westdeutsche Teil unserer Familie lebe in Gelsenkirchen. Fast richtig. Oma und Opa – die hier Omma und Oppa ausgesprochen werden – wohnen direkt neben Gelsenkirchen. In Wanne-Eickel. Eine Tante meines Sohnes und sein Patenonkel leben auch hier. So wie ich eine ganze Kindheit lang.

Normalerweise wird in Texten nach der Erwähnung Wanne-Eickels immer eine Pause eingebaut, damit die Leser mit dem Lachen aufhören können, bevor es weitergeht. Denn die beiden nur von einem Bindestrich getrennten Wörter sind in der Sprache von Kabarettisten, Festrednern und Leitartiklern ein Synonym für Provinzialität, Spießigkeit und Männer, die jeden Samstagnachmittag im Unterhemd ihr Auto waschen. Nicht jeder hat eine Heimatstadt, die ein Witz ist. Ich schon.

Nicht immer in meinem Leben kam ich damit gut zurecht. Besonders unmittelbar nachdem ich fortgezogen war aus Wanne-Eickel, fiel ich immer, wenn ich über meine Heimatstadt sprach, zurück in die Grammatik des Ruhrgebiets. «Ich komm da wech», sagte ich. Das meint, «ich komme daher». Aber nicht zufällig liegt die Betonung auf dem «wech».

Ich bin mit zwanzig «wech».

Und jetzt bin ich wieder da.

Immer öfter. Wir fahren seit der Geburt unseres Sohnes ständig nach Wanne-Eickel und bleiben, wenn es möglich ist, gleich eine ganze Woche. Bald fragt mich meine Schwester, ob wir uns nicht eine Dauerkarte für Schalke teilen sollen, da ich bei mindestens so vielen Heimspielen vor Ort sei wie sie. Als mein Urlaub aufgebraucht ist, beginne ich für meine Zeitung Reportagen aus Nordrhein-Westfalen zu schreiben, und quartiere Mutter und Kind bei meinen Eltern ein. Das geht eine Weile gut, dann nimmt mich mein Chef zur Seite und fragt: «Ihr habt aber schon noch euren Hauptwohnsitz in Berlin, oder?» Nirgendwo komme ich so gut zum Arbeiten wie im Westen, weil uns dort Oma und Opa bei der Kinderbetreuung helfen. Tatsächlich findet das erste Lebensjahr meines Sohnes teilweise in Wanne-Eickel statt. Und ein Teil unseres Lebens auch.

«Das hat mir aber vorher keiner gesagt!», regt sich meine Freundin auf, wenn wir in Berlin zusammen mit Freunden davon erzählen. Aber sie regt sich nur zum Spaß auf. Hoffe ich.

So ähnlich geht es übrigens vielen jungen Eltern. Fast alle beschäftigen sich jetzt mit dem Wanne-Eickel in ihrem Leben, das natürlich auch ganz woanders als im Ruhrgebiet liegen kann. Die eigene Herkunft gewinnt eine neue Bedeutung, wenn man Vater oder Mutter geworden ist. Mit dem Neuen kommt fast immer auch ein Stück vom Alten zurück. Deshalb ist es von Vorteil, wenn man die Beziehung zu seinen Wurzeln halbwegs geklärt hat, bevor Kinder kommen. Sonst muss man es nämlich dann tun.

Gott sei Dank ist meine Beziehung zu Wanne-Eickel schon lange geklärt. Meine Leute haben nicht verstanden, warum ich damals fortgegangen bin, und verstehen jetzt nicht, warum ich ständig zurückkomme. Aber sie freuen sich darüber.

Alles klar also.

Bis auf ein Problem, dass uns verfolgt.

Es hat mit unserem Kind zu tun. Mit seiner Erziehung. Sagen wir es so: Meine Eltern meinen nicht, dass wir in Sachen Kindererziehung alles falsch machen. Sie meinen sogar, dass wir fast alles richtig machen. Die Betonung liegt allerdings auf dem Wort «fast».

In Erziehungsfragen sind Großeltern und Eltern oft uneins. Meist kritisieren die Alten die Jungen, weil sie die Kinder am Tisch mit Essen spielen lassen oder im Garten mit Dreck und sie nicht energisch genug in die Schranken weisen.

«Das geht doch nicht! Jetzt sag dem Kind doch, dass das so nicht geht!»

«Mit der Zeit findet er es schon selber raus, warum man das nicht tut. Harte Verbote helfen da nicht weiter.»

«Euch haben sie aber auch nicht geschadet», sagen die Großeltern dann.

«Doch», denken sich die Eltern.

Das ist nicht weiter schlimm, weil Oma und Opa – kaum sind sie mit dem Enkel allein – vor Glück und Verantwortungslosigkeit dahinschmelzen und nicht nur zulassen, dass er im Garten mit Essen und am Tisch mit Dreck spielt, sondern ihm auch noch fortwährend Süßigkeiten aufdrängen.

Sie müssen schlechte Angewohnheiten ja nicht ausbaden. So läuft es in Hunderten von Familien. Nur bei uns läuft es so nicht. Bei uns läuft es umgekehrt.

«Das macht man heute nicht mehr so», sagt meine Mutter zu mir, als wir beim Spazieren einen Mann sehen, der Stützräder an einem kleinen Fahrrad befestigt.

«Aber wir haben doch als Kinder auch genau so Radfahren gelernt», meine ich.

«Ja, aber heute bringt man es den Kindern anders bei. Sie bekommen schon als Kindergartenkinder Laufräder, damit sie langsam ihren Gleichgewichtssinn entwickeln können.»

«Na, wenn Stützräder früher richtig waren, werden sie heute nicht falsch sein», wende ich ein. «Ich jedenfalls kann Rad fahren!»

«Mag sein. Aber dein Sohn lernt es anders. Dafür werde ich sorgen. Ich schenke euch ein Laufrad für ihn.»

«Aber er kann doch noch nicht einmal laufen!», rufe ich verzweifelt aus. «Er hat doch gerade erst mit Krabbeln angefangen!»

«Wenn er laufen lernt, braucht er schnell Angebote, um alle Aspekte seiner neuen Fähigkeit zu erproben. Ich schenk euch besser jetzt schon ein Laufrad.»

Der Leser ahnt mittlerweile, was in meiner Kindheit schiefgegangen ist: Meine Eltern sind Grundschullehrer. Beide. Und mehr: Sie sind passionierte Pädagogen. Die leidenschaftlichsten Grundschullehrer, die mit Förderunterricht, Freiarbeit und Arbeitsgemeinschaften am Nachmittag um das Lesenlernen des schlechtesten Schülers genauso kämpfen wie um die Förderung des Hochbegabten. Ich wäre froh gewesen, in meiner Schulzeit solche Lehrer gehabt zu haben – na ja, das sage ich heute.

Für solche Großeltern ist der erste Enkel natürlich ein Geschenk – ein Geschenk wie eine Kiste Whiskey für einen

Alkoholiker. Er weiß den guten Stoff zu schätzen wie sonst kaum jemand. Aber für seine Umwelt verhält er sich völlig unerträglich.

«Ihr solltet dem Kind nicht so viel vorschreiben. Es muss selbst seine Erfahrungen machen», sagen unsere Großeltern.

«Aber ihr habt uns doch auch klare Grenzen aufgezeigt und nachvollziehbare Regeln festgelegt», sage ich.

«Ja, damals hat man das noch so für richtig gehalten, aber heute ist die Pädagogik weiter und lässt die Kinder wieder mehr selbst entdecken», erklärt meine Mutter.

«Na, deine Regeln damals haben mir jedenfalls nicht geschadet», wende ich ein.

«Da bin ich mir leider gar nicht immer sicher», sagt sie schnippisch.

Wir sind gerne bei Oma und Opa – auch wenn sie Pädagogen sind. Unser Junge hat sich schnell an diese Besuche gewöhnt. Aber noch schneller haben meine Freundin und ich uns daran gewöhnt: an Morgen, an denen wir länger schlafen können, weil der Junge bei Oma und Opa im Bett kuschelt. An Mittage, an denen wir kein Gemüse für ihn kochen müssen, weil Omas Essen immer gesund ist. Und irgendwann sogar an Abende, an denen wir wieder Kinos und Kneipen von innen sehen.

Eigentlich ist es die Freiheit, für die wir so oft von Berlin in den Westen reisen. Freiheit beginnt für manche damit, die Regierung wählen zu können. Für andere bedeutet sie, jederzeit ihren Partner verlassen zu können. Andere meinen, Freiheit spüre man in einem Sportwagen auf einer Autobahn ohne Tempolimit. Für uns beginnt Freiheit mit einer Oma, die ein Fläschchen bereithält.

Im Osten sind müde Eltern selbst schuld

Die Eltern meiner Freundin wohnen in einer Siedlung am Rande eines Vororts einer Kleinstadt zwischen Leipzig und Berlin. Von Leipzig, wo wir gemeinsam studiert haben, fährt man mit dem Auto etwa eine Stunde bis dorthin. Wir brauchten für diese Strecke drei Jahre.

Nun, seit unser Sohn auf der Welt ist und aus den Eltern meiner Freundin unsere Ostoma und unser Ostopa geworden sind, fahren wir öfter hin. Aber ich habe mir schon oft ausgemalt, wie ich ihm später, wenn er ein junger Mann ist, von meinem allerersten Besuch bei meinen Schwiegereltern erzählen werde. Denn diesen Tag werde ich nie vergessen.

Ostoma und Ostopa haben sich nach der Wende einen Traum erfüllt und ein Haus mit Garten gebaut. Das hat so viel Zeit und Geld in Anspruch genommen, dass für ein paar Jahre kaum etwas für die schönen Dinge des Lebens übrig blieb. Als andere Ostdeutsche Paris oder Rom erkundeten, saßen meine Schwiegereltern im Garten. «Eigentum war immer der Traum meines Vaters», hat meine Freundin mir damals erklärt: «In der DDR hat es nur zu einer Datsche gereicht. Deshalb hat er nach der Wende dann sofort losgelegt.»

Von dem Haus habe ich also schon eine Menge gehört, als ich zum ersten Mal davorstehe. Wir klingeln. Wir könnten jetzt reingehen.

Aber erst müssen wir unsere Schuhe ausziehen.

Das macht man so hier. Ich überlege, ob ich sage: «Kein Problem, dass kenne ich von zu Hause aus dem Ruhrpott.

Bei uns gibt es doch so viele Türken. Und bei denen müssen Gäste auch immer die Schuhe ausziehen, bevor sie in die Wohnung dürfen.» Mit dieser Überleitung könnte ich gleich meinen Lieblings-Ostwitz nachschieben:

«Was ist der Unterschied zwischen einem Türken und einem Sachsen? – Der Türke spricht deutsch und hat Arbeit.»

Danach könnten wir wohl sofort wieder gehen. Und ich könnte mir vielleicht eine neue Freundin suchen. Ist es das wert?

Vielleicht doch. Denn jetzt gibt es etwas, was die Türken nicht haben: Filzlatschen. Für jeden Besucher gibt es Filzlatschen. Und es gibt noch etwas, was die Türken nicht haben: Bier. Mein Schwiegervater in spe trinkt zum Abendessen Bier aus der Flasche. Dazu trägt er ein weißes Unterhemd. Ein Unterhemd – kein T-Shirt. Das Essen ist aufgewärmt vom Sonntag. Ein Kassler. Oder ein Kotelett. Mit Kartoffeln, Erbsen und Möhren oder Sauerkraut. In jedem Fall: mit brauner Soße.

So habe ich meinen Schwiegervater bei unserem ersten Besuch gesehen. Ich habe ihn gesehen, wie Westdeutsche Ostdeutsche sehen. Heute sehe ich ihn anders. Ich sehe ihn so, wie mein Sohn ihn sieht.

«Opa Feuer. Opa Feuer. Opa Feuermann!» wird mein Sohn – sobald er sprechen kann – sagen, nein: eher begeistert ausrufen, wenn er von seinem Ostopa erzählt. Denn der hat den tollsten Beruf der Welt: Er ist Feuerwehrmann. Und was für einer! Ostopa kommandiert einen Löschzug mit einem Leiterwagen, einem Löschpumpenfahrzeug, einer Drehleiter und einem Tanklöschfahrzeug. Ostopa hat mehr Feuerwehrmänner und Feuerwehrwagen in echt als unser Junge als Spielzeug! Und er kann damit umgehen: Bei der Jahrhundertflut der Elbe verteidigte er einen besonders schwierigen Deichabschnitt. Er hat einen ganzen Stadtteil vor dem Absaufen bewahrt. Ostopa ist ein Held – nicht nur in den Augen seines Enkels.

Damals, bei meinem ersten Besuch, sehe ich aber den Helden noch nicht, sondern nur den Mann im weißen Unterhemd. Meine Freundin erzählt, dass es in ihrer Leipziger Wohnung mit Kohleofen und undichten Wänden nicht wärmer als dreizehn Grad wird, wenn der Wind ungünstig steht. Und dass sie deshalb chronisch erkältet ist. Ihre Mutter sagt, sie wäre froh gewesen, hätte sie früher studieren können und nur ein eigenes Zimmer gehabt.

Meine Freundin erzählt von ihrem Plan, ein Stipendium zu beantragen, um für eine wissenschaftliche Arbeit in Amerika zu recherchieren. Ihre Mutter sagt: «Du kannst Reisen machen. Da haben wir früher nur von träumen können.»

Meine Freundin erzählt von ihrem letzten Urlaub, den sie mit Freundinnen an die Strände und bei den Ruinen von Griechenland verbracht hat: Sie erzählt vom Wandern auf dem Peloponnes und vom Inselspringen auf den Kykladen, schildert die Schwere der Weintrauben auf Mykonos, die steil zum Meer abfallenden Vulkankrater auf Santorin und die Ruinen auf Delios.

Ihr Vater sagt: «Ich kannte ein Mädchen aus Griechenland, das die Liebe am schönsten im Kriechen fand.»

Ich kenne diesen Witz. Und ich kenne auch diese Unterhemden. Und diese Soße auf allen Gerichten. Diese Luft in den Räumen, in denen so viel geheizt wird, dass es immer ein bisschen zu warm ist.

Auch die Art, Bier aus der Flasche zu trinken, ist mir dunkel in Erinnerung. Ich brauche ein bisschen, bis ich darauf komme: Das ist die Nachkriegszeit! Als ich Kind war, gab es Männer dieses Typs nur noch als Opas. Aber meine Eltern sind mit solchen Vätern, Onkeln und Nachbarn noch aufgewachsen.

Die DDR hat die Uhr einfach angehalten und das Land in der Nachkriegszeit eingefroren. In Leipzig oder Dresden oder Ostberlin konnte man nach 1989 spüren, wie die Zeit raste. Diese Orte sind längst in der Gegenwart angekommen. Die Kleinstadt, in der meine Schwiegereltern leben, steckt hingegen noch in den Fünfzigern. Damals meinten auch die Leute im Westen, fürs Eigenheim könne man schon auf einiges im Leben verzichten.

«Du bist doch nur Opfer deiner eigenen Ostromantik», schimpft meine Freundin, die sauer ist, dass mich das Leben ihrer Eltern überrascht: «Als wenn in Wanne-Eickel interessantere Menschen leben würden.»

«Das ist es ja eben», sage ich.

Das ist es wirklich. Und ich brauche ein bisschen, bis ich darauf komme. So wie ich in meiner Ostfreundin alles gesehen habe, was ich im Westen vermisst habe, sehe ich in ihren Eltern zuerst, was ich dort abgelehnt habe. Ich glaube, ich bin nicht der Einzige, dem das in Deutschland so geht: Die Wessis belächeln die Unkultiviertheit der Ossis so gerne, und die Ossis spotten so viel über den Materialismus der Wessis, weil beide nicht so gut darin sind, über sich selbst zu lachen.

Die Fahrt von West nach Ost ist keine Reise in ein anderes Land, sondern in eine andere Zeit. Besonders wenn man sie mit einem Kind auf dem Rücksitz unternimmt. In Ostdeutschland, zumindest im Reihenhaus in der Siedlung meiner künftigen Schwiegereltern, herrschen andere Regeln als in Berliner Altbauwohnungen.

Nämlich Ostoma-Regeln. Die lauten so:

1. Eltern, die müde sind, sind selbst schuld. Spätestens mit zwei Monaten werden Kinder mit zerdrücktem Zwieback zugefüttert. Der liegt so schwer im Magen, dass die Babys durchschlafen.

2. Eltern, die Einjährigen oder gar Zweijährigen noch die Windeln wechseln, sind selbst schuld. Kinder, die sitzen können, können auch auf dem Töpfchen sitzen.
3. Eltern, die sich den Abend von weinenden Kindern zerstören lassen, sind selbst schuld. Kinder muss man weinen lassen. Dann lernen sie, dass weinen nichts bringt.
4. Eltern, die nach jedem Essen ihre Kinder umziehen, sind selbst schuld. Am Tisch herrscht Sauberkeit. Es wird nicht mit den Händen gegessen und schon gar nicht gemanscht. Kinder werden so lange gefüttert, bis sie richtig mit Löffel und Gabel umgehen können. Wie diese Kinder das Essen mit Löffel und Gabel lernen, steht nicht in den Ostoma-Regeln. Wahrscheinlich wurde es im Kindergarten vermittelt.
5. Eltern, die sich nach einer Babypause um ihren Arbeitsplatz sorgen, sind selbst schuld. Nach dem gesetzlichen Mutterschutz von immerhin zwei ganzen Monaten kann ein Kind doch nun wirklich in die Krippe.
6. «Messer, Schere, Gabel, Licht sind für kleine Kinder nicht!»

Wie soll das Kind basteln lernen? Siehe Ostoma-Regel Nummer vier.

Wir sind trotzdem bei unserer Ostoma – trotz ihrer Regeln. Allerdings haben wir bisher noch nicht gewagt, unser Kind allein dort zu lassen. Man ist ja vor 1989 auch auf Familienbesuch in die Zone gefahren, hat aber seine Kinder nie allein hinter den Eisernen Vorhang geschickt.

Wir könnten ihn auch gar nicht allein zur Ostoma schicken. Denn sie hat keinen Laufstall.

«Wir haben auch keinen, Oma», sagt meine Freundin.

«Aber so ein Kind kann doch nicht allein in der ganzen Wohnung herumkrabbeln», sagt ihre Mutter.

«Er ist nicht allein. Ich bin da.»

«Aber du guckst ja nicht immer hin! So viel Freiheit ist doch gefährlich!»

«Unsere Wohnung ist komplett kindersicher. Da kann wirklich nichts passieren.»

«Ein Kind braucht trotzdem Grenzen!»

Bevor das Kind kam, war Ost und West in unserer Beziehung jahrelang kein Thema gewesen. Dann schon. Ich glaube, dass geht allen Paaren so, in denen die Partner eine unterschiedliche kulturelle Herkunft haben. Arbeit-, Freizeit- und Paarungsverhalten von Großstadtbewohnern haben sich in der Globalisierung weltweit angeglichen.

Aber bei der Erziehung werden Menschen plötzlich wieder auf den Landstrich und die Kultur zurückgeworfen, aus der sie kommen. Ich weiß nicht, wie es bei christlich-islamischen oder afrikanisch-europäischen Paaren ist. Bei Ost-West-Paaren jedenfalls ist Erziehung eines der wenigen Felder, wo sich deutsch-deutsche Gegensätze noch nicht abgeschliffen haben.

Im Gegenteil, Erziehung und Betreuung werden von vielen ehemaligen DDR-Bürgern verteidigt wie eine letzte Bastion: verbissen und kompromisslos. Einerseits wollen sich die Ossis neben einem falschen Weltbild, einer gescheiterten Wirtschaftsordnung und durch Doping ermogelten Goldmedaillen nicht auch noch sagen lassen müssen, dass sie ihre Kinder falsch erzogen haben. Andererseits müssen die Eltern, die vor fünfundzwanzig oder dreißig Jahren Kinder erzogen haben, es nicht heute tun. Da kämen sie nämlich nicht weit. Sondern nur bis zum nächsten Supermarkt.

«Wo lässt du eigentlich das Kind, wenn du einkaufen gehst?», fragt unsere Ostoma ihre Tochter.

«Na, ich nehme es mit. Im Kinderwagen. Was dachtest du denn?»

«Wir haben die Kinderwagen einfach vor der Kaufhalle abgestellt», erzählt unsere Ostoma. «Da standen meist ganz viele in einer Reihe.»

«Und die Kinder?», will meine erstaunte Freundin wissen.

«Die auch.»

«Ihr habt die Kinder wirklich vor dem Supermarkt abgestellt?», fragt meine Freundin entgeistert nach.

«Ja sicher. An der frischen Luft geht es denen doch am besten.»

Ihr Auto würde unsere Ostoma heute niemals unabgeschlossen irgendwo stehenlassen. Und sie würde weder ein Kind noch einen Kinderwagen unbeaufsichtigt lassen. Aber als sie ein Baby hatte, ging das noch. Deshalb heißen Ostoma-Regeln auch Ostoma-Regeln und nicht Ostmütter-Regeln. Denn Ostmütter, die heute Kinder haben, sind wohl genauso wenig autoritär wie Westmütter. Na ja, die meisten jedenfalls.

Über Erziehungsfragen werden wir uns mit Ostoma und Ostopa nicht mehr einig, bevor unser Sohn aus dem Haus ist. Aber sonst verstehen wir uns eigentlich besser und sehen uns auch häufiger. Das hat einen Grund: Wir brauchen jetzt viel Hilfe. Typisch westdeutsch ist, sich gerne helfen zu lassen. Und typisch ostdeutsch, gerne zu helfen. Unser Ostopa renoviert unser Kinderzimmer, streicht unseren Flur und baut das Kinderbett auf. Viel Aufheben macht er darum nicht. Vielleicht weil er weiß, dass ich keine Schraube gerade eindrehen kann.

Ob die typisch ostdeutsche Mischung von Anpackenwollen und Anpackenkönnen auch eigentlich typisch deutsch ist? Weiß ich nicht. Aber wenn, dann möchte ich hier feststellen: Es war nicht alles schlecht.

Zwei Tanten

Eine heterosexuelle Partnerschaft wirkt auf den ersten Blick wie ein Dualismus zwischen Frau und Mann. Spätestens wenn Kinder kommen, ist es damit vorbei. Laut einem Bestseller sind Frauen von der Venus, Männer hingegen vom Mars. In Familien ist es so: Manche Frauen sind von der Sonne, andere Frauen sind vom Mond. Männer sind kleine Meteoriten oder flüchtige Kometen. Väter, die sich an Erziehung und Betreuung beteiligen und vielleicht sogar Elternzeit nehmen, sind flüchtige Kometen, die beim Vorbeiziehen aufleuchten.

Die Familie unseres Sohnes gleicht einem Spannungsfeld zwischen zwei besonders mächtigen weiblichen Gestirnen. Neben Mutter, Westoma und Ostoma hat unser Junge auch noch zwei außerirdische Tanten: Eine Tante stammt aus der Chaosgalaxie, die andere lebt auf dem Planeten Ordnung. Auf jeden Fall ist keine von ihnen ganz von dieser Welt.

Der Weg von der Chaosgalaxie zu unserer Wohnung ist nicht so weit, die Chaostante kommt trotzdem meist zu spät. So auch heute. Es ist der erste Geburtstag meines Sohnes, und ein Teil der Familie sitzt schon an der Kaffeetafel, als es plötzlich dreimal klingelt. Ich drücke auf und horche in den Flur. Eine Frau schleppt sich keuchend das Treppenhaus hoch bis zu unserer Wohnung, die im dritten Stock liegt. Endlich oben angekommen, ist die Frau völlig außer Atem, verschwitzt und fällt mehr über unsere Türschwelle, als dass sie geht. Kein Wunder: Sie trägt ein zweieinhalbjähriges Kind auf dem Rücken.

Ich weiß schon lange, dass es keinen Sinn hat, mit ihr zu diskutieren. Aber während ich ihr den Jungen vom Rücken hebe, frage ich trotzdem: «Warum habt ihr euch denn kein Taxi genommen?»

«Ich nehme nie Taxis.»

«Aber ihr hättet doch wenigstens mit der U-Bahn fahren können!»

«Ja, aber ich konnte doch auch laufen und das Geld für die Fahrkarte sparen.»

Ich unterdrücke den Impuls, den anderen Gästen zuzurufen: «Die Verrückte ist da!» Also rufe ich in Richtung meines Sohnes: «Deine Tante und dein Cousin sind da!»

Sie hat den fast Dreijährigen vom Bahnhof durch halb Berlin bis zu unserer Wohnung getragen. *Getragen.* Andere Mütter und Väter schieben ihre Kinder. Dafür ist Mitte des 19. Jahrhunderts der Kinderwagen erfunden worden. Aber von dieser Erfindung hält die Tante unseres Sohnes nichts. Sie findet Kinderwagen spießig. Also hat sie ihren großen, wohlgenährten Sohn erst monatelang in einem breiten Tuch auf ihren Rücken geschnallt, wie es peruanische Indiofrauen mit ihren kleinen, unterernährten Kindern im andinen Hochland tun. Als der Junge irgendwann doch zu schwer wurde, schaffte sie einen hölzernen Bollerwagen an.

In diesem seltsamen Gefährt zieht sie ihr Kind nun durch die Fußgängerzone wie einst Mutter Courage ihren Karren durch den Dreißigjährigen Krieg und später durch die Kulissen des Berliner Ensembles. Neben Gewicht, Unhandlichkeit und mangelnder Polsterung hat der Courage-Karren einen weiteren Nachteil: Sie kann ihn nicht zusammenklappen und auf Reisen mitnehmen.

Die Chaostante hat uns eine Menge Elternerfahrung

voraus. Dabei sieht sie gar nicht so aus. Eine mädchenhafte Frau von Mitte zwanzig in wallenden, selbstgenähten Hosen und alten, viel zu großen Pullis. Ein anderes Outfit trägt sie nur, wenn sie auftritt – sie studiert Gesang. Sie ist sieben Jahre jünger als meine Freundin und doch zwei Jahre früher Mutter geworden. Da war sie gerade zwanzig. Sie hat den Mut aufgebracht, ihr Kind zu bekommen, obwohl sie ohne Geld in einer fremden Stadt am Beginn einer Gesangsausbildung war. Davon haben ihr so viele Menschen in ihrer Umgebung abgeraten, dass sie das Gefühl hatte, mit ihrer Entscheidung allein gegen die ganze Gesellschaft zu stehen. Seitdem sieht sie vieles anders als die Mehrheit. Besonders wenn es um Kinder geht.

So meint sie etwa:

- Kinder sollen nicht geimpft werden. Tetanus, Kinderlähmung, Keuchhusten, Diphtherie, Masern und Hepatitis B sind Krankheiten, von denen Kinder, wenn die Eltern immer gut aufpassen, mit hoher Wahrscheinlichkeit verschont bleiben. Die gefährlichen, von der profitorientierten Pharmaindustrie angebotenen Impfstoffe hingegen schaden in jedem Fall.
- Kinder sollen nicht abgestillt werden, sondern stillen sich selbst ab, indem sie irgendwann einfach nicht mehr an die Brust gehen.
- Kinder schlafen am besten im Bett ihrer Mutter.
- Lebensmittel aus dem Supermarkt sind giftig.

  Oder eben:
- Kinderwagen sind spießig.

Die Chaostante misstraut der Industrie, dem Staat, allen Medien, ihren Professoren und ihren Eltern. Sie denkt – oder vielmehr fühlt sie –, dass nur sie selbst weiß, was gut für sie und für ihr Kind ist. Das hat vielleicht damit zu tun, dass alles, was ihr in ihrer Kindheit erzählt wurde, plötzlich nichts mehr gilt, als sie gerade sieben Jahre alt ist. Da bricht die DDR zusammen. Die Bemühungen der Eltern, sich ein schönes Leben im Kapitalismus aufzubauen, erlebt sie als Heranwachsende. In ihrer Pubertät müssen die Eltern eine Ehekrise meistern. Längst sind sie wieder glücklich vereint. Aber ihre Tochter hat mit einundzwanzig ein Kind bekommen und ihm den Namen eines Indianers gegeben.

Eigentlich müssten wir innerhalb unserer Familie die natürlichen Verbündeten unserer Osttante sein. Wir wohnen in einem alternativen Viertel, wo es an jeder Ecke Bio- oder Kinderläden gibt, wo Bedenken- und Nasenträgerinnen die Spielplätze und Elternversammlungen dominieren, wo Systemkritik Leitkultur ist und die Grünen um die absolute Mehrheit in der Bezirksversammlung kämpfen. Bei uns müsste unsere Chaostante nicht das Gefühl haben, sie stünde allein gegen die Vernunft, auch wenn sie glaubt, in ihrem Körper flössen Energieströme, die weise Männer mit Handauflegen beeinflussen könnten. Anders als der Rest der Familie haben wir Verständnis für ihren Lebensstil. Sie geht mit unserem Sohn genauso liebevoll um wie mit ihrem eigenen.

Ich glaube, der Cousin meines Sohnes ist glücklich, wenn er morgens von seiner Mutter im Karren zur anthroposophischen Wald-Kita gezogen wird. Bald wird er sicher auf eine anthroposophische Waldschule gehen und irgendwann vielleicht auf eine ökologische Walduniversität. Er wird sicher mit dem Fahrrad hinfahren, aber vielleicht findet seine Mutter Fahrräder auch spießig. Dann wird er eben hinreiten und lernt irgendwann ein schönes Mädchen mit Indianernamen und unrasierten Beinen kennen. Vielleicht studiert er auch gar nicht, sondern wird Schreiner oder baut Häuser aus Lehm mit runden Ecken.

Auf dem Planeten Ordnung ist man noch nicht so weit. Dort herrscht die andere Tante unseres Sohnes. Sie wird ihre Kinder selbstverständlich impfen lassen, sobald sie das vorgeschriebene Alter erreicht haben. Spätestens. Noch hat sie zwar keine Kinder. Wäre es möglich, Kinder schon impfen zu lassen, bevor es sie gibt, würde unsere Tante vom Planeten Ordnung das auch tun. Schon um auf Nummer sicher zu gehen.

Unsere Tante vom Planeten Ordnung hätte auch in jedem Fall ein Taxi zu unserer Wohnung genommen. Sie hätte auch ohne Gepäck ein Taxi genommen. Selbst wenn eine U-Bahn direkt vom Bahnhof in den Keller unserer Wohnung fahren würde. Sie läuft nicht gern. Und schon gar nicht durch Berlin, der deutschen Stadt, die vom Planeten Ordnung am weitesten entfernt ist.

Wenn sie ein Kind bekommt – und der Zeitpunkt ist selbstverständlich genau geplant –, wird sie ganz sicher einen Kinderwagen anschaffen. Und zwar den allerstabilsten, TÜV-geprüftesten Kinderwagen, der hergestellt wird.

Auch sonst sind ihre Ansichten stabil und TÜV-geprüft:

- Kinder sollte man erst bekommen, wenn beide Eltern einen unbefristeten Arbeitsvertrag haben.
- Wer Kinder hat, muss seine Wohnung immer aufräumen.
- Er soll auch den Kindern früh beibringen, aufzuräumen.
- Wer Kinder will, soll in eine ruhige Gegend ziehen.
- Wer Kinder hat, sollte heiraten.
- «Auch ihr!»

Die Tante vom Planeten Ordnung glaubt daran, dass man sein Leben planen und kontrollieren kann. Mit dieser Einstellung ist sie zu einer Laufbahn im Staatsdienst gekommen und zu einem ruhigen, verlässlichen Ehemann, mit dem sie bald ein schönes Haus bauen wird. Sie trifft Vorsorge: Nie würde sie ohne eine bestätigte Buchung in einen Urlaub aufbrechen. Ihre Reisen plant sie nach Katalog Monate im Voraus. Nie hat sie mir irgendetwas versprochen und dann nicht aufs gewissenhafteste eingehalten. Undenkbar, dass sie ungeplant schwanger würde.

Zum ersten Geburtstag bringt sie unserem Sohn neben einem tollen Spielzeug auch ein Sparbuch mit. Dort zahlt sie jeden Monat etwas Geld ein: «Wer weiß, wie hoch die Studiengebühren sind, wenn euer Sohn studieren will», sagt sie. Sie sagt nicht: «Und wer weiß, in welchen finanziellen Verhältnissen seine chaotischen Eltern dann gerade stecken.»

Unser Sohn liebt seine beiden außerirdischen Tanten. Bisher ist noch nicht abzusehen, ob er sich später in der Chaosgalaxie oder auf dem Planeten Ordnung wohler fühlen wird. Meine Freundin und ich haben einstweilen entschieden, ihn der Schwerkraft beider Mächte voll auszusetzen. Was bleibt uns auch anderes übrig.

Wir sind gespannt, wie sich unser Sohn unter dem Einfluss seiner starken Tanten entwickeln wird: Werden sie seine Persönlichkeit prägen? Werden wir in ihm vielleicht sogar Anlagen der einen oder der anderen Seite finden? Oder beider? Werden wir in diesem Fall seine Pubertät überleben?

Bis dahin haben wir glücklicherweise noch etwas Zeit. Wir freuen uns schon darauf, wenn die Kinder unserer radikalen Tanten zu Besuch kommen: unsere Neffen und Nichten, von denen bisher erst der Junge mit dem Indianernamen auf der Welt ist. Den Kindern unserer Chaostante werden wir wohl beibringen müssen, bei uns am Tisch nicht immer mit den Händen zu essen. Den Kindern der Tante vom Planeten Ordnung werden wir hingegen beibringen, dass man bei uns am Tisch ausnahmsweise doch mit den Händen essen darf.

Unseren Sohn schicken wir dann umgekehrt in den Ferien abwechselnd zu unseren beiden Tanten. Da kann er etwas erleben und freut sich anschließend wieder auf zu Hause. Wenn es ihm dort nicht zu langweilig ist. Dann verglichen mit dem Planeten Ordnung und der Chaosgalaxie sind seine Eltern ganz von dieser Welt.

FREUNDE DER FAMILIE, FEINDE DER FAMILIE

Männerfreundschaft

Angeblich hat jede Frau eine beste Freundin, mit der sie alles besprechen kann. Männer haben auch beste Freunde. Allerdings nicht zum Reden, sondern zum Problemlösen.

An einem Tag im Herbst wendet sich mein bester Freund überraschend mit einem sehr dringenden Problem an mich. Er muss unbedingt eine sehr anhängliche Frau loswerden. Nur für ein paar Stunden. Aber sofort.

Da weiß ich Rat.

«Bring sie bei mir vorbei. Ich regle das schon», verspreche ich ihm.

«Bist du sicher?», fragt er.

«Kein Problem. Bring sie einfach vorbei.»

Eine halbe Stunde später klingelt er schon, stürzt mit der Dame die Treppe zu meiner Wohnung hoch und lässt uns eilig allein. Das findet die Dame gar nicht nett: Erst guckt sie entsetzt, und dann schreit sie. Als sie merkt, dass ihr Wutausbruch nicht hilft, geht das Schreien in ein herzzerreißendes, nicht enden wollendes Schluchzen über. Sie gibt ein Bild des Jammers ab – so traurig, dass mein Sohn gleich mitweint.

Die Frau, die mein bester Freund in meine Obhut gegeben hat, ist seine junge Tochter. Seine sehr junge Tochter. Sie ist genau zwei Wochen nach meinem Sohn geboren und wird wie er von ihrem Vater in Elternzeit betreut. Die beiden hätten sicher viel zu besprechen, könnten sie schon sprechen. Aber auch so würden sie sich vielleicht gut verstehen, hätten wir ihnen die Möglichkeit gegeben, einander auf dem Spielplatz oder im Planschbecken langsam kennenzulernen.

Haben wir aber nicht. Deshalb fühlt sich die Tochter meines besten Freundes wie ein unachtsam beim Nachbarn abgegebenes Paket. Außerdem hat sie schon zweieinhalb anstrengende Stunden im Autokindersitz hinter sich. Und zu allem Überfluss hat ihr eiliger Vater auch noch die Kortisonsalbe zu Hause vergessen, die das Jucken ihrer vielen Mückenstiche ein klein wenig lindern könnte.

Ja, mein bester Freund ist gerade ein wenig überfordert. Das liegt nicht daran, dass er die ganze Zeit auf seine Tochter aufpassen muss. Im Gegenteil: Es liegt daran, dass er *nicht* die ganze Zeit auf seine Tochter aufpassen kann. Gerade jetzt etwa, während seine Tochter sich in meiner Wohnung ängstigt, steht er im Hörsaal und hält einen Vortrag. Sein Professor glaubt nämlich, ihn auch in der Elternzeit nicht vollständig entbehren zu können. Also muss mein bester Freund zu Hause weiterforschen und einmal in der Woche an der Uni erscheinen. Er lebt in Dresden, die Uni ist in Berlin. Das sei aber sehr unbequem für ihn und seine Familie, hat er eingewandt. Darauf könne die Wissenschaft keine Rücksicht nehmen, hat sein Professor gesagt. Ihm sei gar nicht bewusst gewesen, wie dringend die Welt auf Wissen über die georgische Post vor achtzig Jahren wartet, hat mein bester Freund geantwortet. Der Professor hat die Ironie überhört.

Also nimmt seine Freundin, seit sie aus dem Mutterschutz an ihren Arbeitsplatz zurückgekehrt ist, immer mal wieder einen Tag frei. Und weil ihr Arbeitgeber heute, als er wieder nach Berlin muss, die Faxen dicke hat, hat er die Tochter mit ins Auto gepackt und sie aus schierer Verzweiflung bei mir untergestellt.

Ich bin ja sowieso da. Ob ich jetzt auf ein Kind aufpasse oder auf zwei, das macht ja keinen großen Unterschied.

Hatten wir uns so gedacht.

Wenn man beste Freunde hat, damit sie Probleme lösen, bin ich heute ein schlechter Freund. Ich halte nur zwei Stunden durch. Spielzeug, Bilderbücher und schließlich sogar DVDs mit Trickfilmen – mit nichts will sich das kleine Mädchen ablenken lassen. Sie brüllt und brüllt. Wie immer, wenn ich verzweifelt bin, rufe ich meine Freundin auf der Arbeit an. Sie sagt, ich könne sie jetzt nicht auch noch damit belästigen, dass die Kinder anderer Leute schreien. Ich gebe auf, rufe in dem Institut an, wo mein bester Freund seinen Vortrag hält, und bitte die Sekretärin, ihn aus dem Hörsaal zu holen. Ja, es sei wirklich ein Notfall.

Zwar hatte er gerade geendet, aber es ist beim Professor nicht gut angekommen, dass er sich nicht mehr der Diskussion seiner Forschungsergebnisse stellen konnte. Das erzählt er mir, nachdem wir unsere Kinder endlich wieder ruhig bekommen haben. Jeder seins. Weil er seiner Tochter nicht noch eine weitere Autofahrt zumuten will, beschließt er, mit ihr über Nacht bei uns zu bleiben. Es ist wider Erwarten gar nicht schwer, sie in der fremden Umgebung ins Bett zu bringen. Sie hat sich wohl den Tag über müde geweint. Meine Freundin ist mittlerweile von der Arbeit nach Hause gekommen und erklärt sich bereit, über den Schlaf der beiden Kinder zu wachen.

Endlich haben mein bester Freund und ich Zeit. Endlich können wir etwas trinken gehen.

Das erste Bier stürzen wir wortlos. Dann sage ich zu meinem besten Freund und Elternzeitgenossen: «Ich hoffe, ich sehe nicht so fertig aus wie du.»

Er sagt: «So etwas Ähnliches wollte ich dich auch gerade fragen.»

Wir prüfen unsere Möglichkeiten. Heimlich die Arbeitsverträge unserer Frauen kündigen? Ein – oder besser zwei – fleißige asiatische Au-pair-Mädchen einstellen? Oder selbst nach Asien oder in eine noch fernere Weltgegend fliehen?

Solche Überlegungen haben junge Väter zu allen Zeiten der Welt angestellt. Die Nabelschnur hatte immer schon etwas von einer Schlinge. Aber selten in der Geschichte saß sie so fest um den männlichen Hals wie in unserer Generation.

«Wir können noch nicht einmal zur französischen Fremdenlegion!», klagt mein bester Freund. «Die nehmen nämlich keine Wehrdienstverweigerer!»

Fortlaufen ist selbstverständlich keine reale Option. Schon gar nicht für meinen besten Freund. Sein Vater ist nämlich fortgelaufen. Er hat ihn erst als Erwachsener gefunden. Und keinen guten Eindruck von ihm gewonnen. «Es gibt kein Entkommen», sagt er ernst, «Vater bist du, Vater bleibst du. Und wenn du wegläufst, bist du trotzdem noch Vater. Aber dann unglücklich.»

Mein bester Freund hätte es leichter, wenn er nicht ständig zwischen Dresden und Berlin pendeln müsste. Theoretisch könnte natürlich auch sie pendeln. Theoretisch. Die beiden haben darüber erst nachgedacht, dann diskutiert und schließlich gestritten. Und dann fiel das letzte Argument, zu dem auch moderne Frauen greifen, wenn es sein muss: «Ein Kind gehört zu seiner Mutter.»

Also wurde der Konflikt gelöst, wie Konflikte in modernen, rationalen Partnerschaften gelöst werden: Der Mann gibt nach. Und pendelt. Wenn er in der Bibliothek liest, im Archiv etwas sucht oder in seinem Institut am Kopierer steht, stellt er sich vor, was seine Tochter gerade in der Kita wohl macht. Manchmal muss er in Berlin übernachten, dann schafft er es ganz gut, sich mit Kino und Kultur abzulenken und manchmal auch mit Wein, Weib und Gesang. Da bin ich oft dabei. Und dann warte ich immer schon auf den Anruf. Der kommt jeden Abend zwischen 22 und 23 Uhr.

«Das stimmt gar nicht. Sie ruft gar nicht jeden Abend an», sagt mein bester Freund.

«Doch», sage ich. «Jedenfalls immer, wenn du mit mir unterwegs bist.»

«Das ist nur Zufall. Sie ruft nicht jeden Abend an. Nicht *jeden* Abend.»

Zehn Minuten später klingelt sein Funktelefon.

Er wendet sich ab, als er in das Gerät spricht, aber ich weiß sowieso, was er sagt: «Nein, ich bin nicht zu Hause. Trinke noch etwas. Ja, war wieder schlimm bei dir auf der Arbeit? In der Kita geheult – warum denn? Husten? Oje! Ja, ich weiß, du fühlst dich überfordert. Ja, ich habe gar keine Vorstellung, wie das ist. Auf dem Spielplatz haben sie dich gefragt, ob du auch eine Alleinerziehende bist? Na hör mal! Müssen wir das jetzt besprechen? Können wir das nicht am Wochenende … oder morgen Abend meinetwegen. Wir telefonieren wieder. Ja. Gute Nacht. Alles wird gut. Ich verspreche es.»

Es heißt, Paare, die eine Fernbeziehung leben, müssen Instrumente erfinden, weiterhin gemeinsame Erlebnisse und Gefühle zu schaffen. Sie können die gleichen Bücher lesen oder sich jeweils in ihrer Stadt den gleichen Film im Kino anschauen. Aber der allabendliche Terroranruf ist das effektivere Instrument.

Seit ich erlebt habe, wie die Tochter meines besten Freundes an diesem Morgen meinen Sohn und mich zusammengeschrien hat, glaube ich, sie kommt nach ihrer Mutter.

«Ich gebe ja zu, dass meine Freundin es mir nicht immer leicht macht», sagt er: «Sie ist eben kein Schätzchen.»

«Das kann man wohl sagen.»

«Aber so schlimm, wie du tust, ist es auch wieder nicht. Es gibt noch viel härtere Frauen.»

«Welche zum Beispiel?»

«Deine zum Beispiel!»

Empört sage ich ihm, dass er unrecht hat. Aber ich weiß, dass in dieser Behauptung ein kleines Stück Wahrheit steckt. Auch meine Freundin schafft es, ihr Leben und mein Leben und das Leben unseres Sohnes nach ihrer Vorstellung zu gestalten. Auch ihre Initiative ist mächtiger als meine, obwohl ich nicht zur Trägheit neige. Ich habe allerdings Glück, dass wir im Gegensatz zu meinem besten Freund und seiner Freundin in derselben Stadt arbeiten. Wenn wir doch einmal länger getrennt sind, macht meine Freundin keine Terroranrufe. Sie ruft überhaupt nicht an. Nie. Meist frage ich mich nach drei Tagen, ob sie mich schon vergessen hat und ob ihr ganz egal ist, was ich tue, und dass ich eigentlich sehr gerne wüsste, was sie tut und wie es unserem Kind geht.

An diesem Abend in der Kneipe haben wir uns lange unser Leid geklagt. Es scheint, als verliefen unsere Leben tatsächlich parallel: Wir waren uninteressiert an der Uni, sind passabel in unseren Berufen und bemühen uns, gute Väter zu sein. Nur im Selbstmitleid, da sind wir zweifellos spitze. Und das will in unserer Generation wirklich etwas heißen.

«Guck dir doch unsere Väter an», sage ich, schon halb betrunken: «Alle hatten Jobs, keiner musste sich um Kinder kümmern, und die Frauen haben damals sogar noch gekocht.»

«Ich weiß wenig über meinen Vater», sagt mein bester Freund.

«Na, dann nimm deinen Großvater. Der hat gearbeitet, Geld nach Hause gebracht, und niemand hat von ihm sonst noch irgendetwas erwartet.»

«Außer der Eroberung Stalingrads. Aber im Prinzip hast du sicher recht.»

Im weiteren Verlauf der Unterhaltung kommen wir zu dem Ergebnis, dass wir – sollten wir noch einmal als Männer wiedergeboren werden – Polinnen oder Ukrainerinnen heiraten. Wenn überhaupt! Aber mit dem Widerstand beginnen wir nicht erst im nächsten Leben, sondern schon heute! Beziehungsweise morgen. Morgen früh nämlich. Mein bester Freund und Leidensgenosse bestellt Wodka. Doppelten. Und in einer Viertelstunde das Gleiche noch einmal. Heute wollen wir uns so betrinken, dass wir morgen früh unter keinen Umständen in der Lage sind aufzustehen – egal, wie laut die Kinder schreien, und egal, wie laut meine Freundin schreit. Sie wird, bevor sie zur Arbeit fährt, meinen Sohn wickeln, anziehen und füttern müssen. Und dazu noch die Tochter meines besten Freundes.

Morgen gibt es kein Pardon. Morgen ist sie dran mit den Kindern. Übermorgen dann wieder wir.

Feinde der Familie

Wir geben ein Festessen für die besten Freundinnen der Dame des Hauses. Meine Freundin ist seit einem Monat zurück im Job – und diese Rückkehr wird gefeiert. Die Patentante, die leider viel zu wenig Zeit mit unserem Kind verbringt, ist da und unsere Babysitterin, die so viel Zeit mit unserem Sohn verbringt, dass sie wohl von allen Freunden einem Familienmitglied am nächsten kommt.

Dann ist noch unsere Freundin K. gekommen. Sie ist gut zehn Jahre älter als die anderen Frauen am Tisch und hat uns als erfahrene Mutter eine Menge geholfen, seit unser Junge auf der Welt ist. Ich bin frisch in Elternzeit, nehme die häusliche Rolle auch an diesem Abend an und wusele in der Küche herum. Allerdings kann ich nicht ganz vermeiden zu hören, was die am Esstisch unter sich verbliebenen Mütter, Noch-nicht-Mütter und Vielleicht-nie-Mütter bereden.

Sie sind euphorisch, was nicht nur am Prosecco liegt, den unsere Patentante mitgebracht hat. Meine Freundin trinkt ein Gläschen mehr, als gut ist für eine, die morgens noch stillt. Aber das ist den Damen heute egal: Die Patentante preist die einmalig starke Energie meiner Freundin, Kind und Beruf zu vereinen. Meine Freundin preist die einmalig guten deutschen Gesetze, die ihren Arbeitgeber zwingen, Eltern nach einer Pause wieder in den Job zu lassen. Unsere israelische Babysitterin preist die einmaligen deutschen Männer, die auf Gehalt verzichten und Beförderungen riskieren, damit ihre Frauen auch arbeiten können. Alle sind begeistert von sich selbst, von Männern und Kindern und dem Land, in dem sie leben.

Bis K. erzählt, wie es war, als sie einst nach ihrer Baby-Auszeit zurück in den Job ging. Heute ist ihre Tochter schon auf dem Gymnasium, und K. erzählt mit Abstand, aber immer noch nicht ohne Wut, wie ihre Rückkehr ablief: «Ich habe damals beim Rundfunk im Süddeutschen gearbeitet. Der Laden war umorganisiert worden, während ich weg war. Ich ging am ersten Tag zur Abteilungsleiterin, die jetzt meine Chefin war, und stellte mich vor. Sie antwortete: ‹Ach ja, Sie sind die, die für ihr Kind ausgesetzt hat. Wissen Sie, ich persönlich habe für meine Karriere auf Kinder verzichtet.›

‹Oh.›

‹Jetzt bin ich verantwortlich für eigene Projekte. Gerade betreue ich die Serie ‚Bahnhöfe der Welt'.›

‹Na, dann hat es sich ja gelohnt.›»

Die beiden sind keine Freundinnen geworden, berichtet K. Sie sei nicht gemobbt worden, aber habe doch den Eindruck gehabt, dass sie unter besonderer Beobachtung stünde. «Ich musste mehr als jeder andere beweisen, dass ich engagiert bin. Als sei es einfach unwahrscheinlich, dass eine Mutter ihren Job machen kann. Meine Chefin gab mir das Gefühl, als arbeitete ich gegen die Naturgesetze selbst.»

Nach einem halben Jahr unter diesen Bedingungen sagte unsere erfahrene Freundin, sie müsse nach Hause, weil die Handwerker kämen, obwohl in Wahrheit die Kita einmal früher schloss. Als sie in die Ambulanz des Krankenhauses gerufen wurde, weil ein geschleuderter Bauklotz ein Loch in den Kopf ihrer Tochter geschlagen hatte, behauptete sie: «Ich habe plötzlich schlimme Zahnschmerzen.» Auf ihrem Schreibtisch standen damals keine Fotos, sie erzählte in den Pausen nie von zu Hause und vermied auch sonst jede Spur, die darauf hingewiesen hätte, dass sie eine Familie hat. Die erste Gelegenheit, sich in eine andere Abteilung versetzen zu lassen, ergriff sie nach zwei Sekunden Bedenkzeit.

«Dort war mein Chef so ein Nullachtfünfzehn-Vater, der seine Kinder nur am Wochenende sieht. Er hatte überhaupt keine Ahnung von den Zwängen und Kämpfen, die berufstätige Mütter junger Kinder ausfechten. Aber auch überhaupt kein Problem damit.»

Das habe sie als bittere Ironie empfunden. Nicht die totale Ignoranz ihres neuen Chefs gegenüber ihrer Situation war ihr Problem, sondern das Bewusstsein ihrer alten Chefin. Die hatte mindestens einmal im Leben sehr genau darüber nachgedacht, ob es zu schaffen sei, Kind und Beruf zu vereinen. Es ist nicht zu schaffen, hatte sie entschieden.

«Und für den Beweis, dass sie recht hat, hilft sie notfalls ein bisschen nach?», fragt meine Freundin entsetzt.

«Ich glaube nicht, dass sie das bewusst tut», erklärt K.

Ihr Bericht hat die feiernden Frauen verstummen lassen. Denn alle am Tisch stehen vor der Entscheidung: Kind oder Karriere. Diese Entscheidung ist in sehr wörtlichem Sinne eine zwischen dem Spatz in der Hand und der Taube auf dem Dach. Denn Karriere kann, wie gerade gehört, auch heißen, die Sendereihe «Bahnhöfe der Welt» zu betreuen. Eigentlich heißt Karriere fast immer, die Sendereihe «Bahnhöfe der Welt» zu betreuen. Wie unter ehrgeizigen Männern sind auch unter engagierten Frauen nur wenige zu Vorstandsvorsitzenden, Programmdirektorinnen und Präsidentinnen berufen. Alle anderen können schon froh sein, wenn sie nach zehn Jahren harter Arbeit, verbissenem Networking und böser Intrigen von den «Bahnhöfen der Welt» zu den «Flughäfen der Welt» befördert werden. Andere sitzen mit Doktortitel im Flur des Arbeitsamtes und träumen von einem Praktikum in der Redaktion von «Bahnhöfe der Welt». Ein Kind hingegen ist immer Kind. Niemand kann es einem wegnehmen. Wenn man eine Frau ist.

«Mag sein. Aber deine ehemalige Chefin hat es doch geschafft. Sie hat doch Karriere gemacht. Und du wolltest zwanzig Jahre später den gleichen Weg gehen. Eigentlich hätte sie sich mit dir identifizieren sollen», sagt unsere Patentante, die selbst fast alles für ihr Karriere tun würde: «Sie hätte sich als ältere Schwester fühlen können!»

«Habe ich auch gedacht», meint K., «aber ich glaube, ein Teil diese Generation findet uns junge Frauen undankbar. Die haben noch richtig kämpfen müssen: Die haben lächerliche Doppelnamen, liefen früher in Jeans und heute in Hosenanzügen herum und haben sich daran gewöhnt, sich hart geben zu müssen, damit ihre skeptischen männlichen Kollegen ja keine Schwäche wittern. Und wir? Wir kommen in Unternehmen und Behörden, wo Frauen in allen Positionen selbstverständlich sind, wir werden ernst genommen, auch wenn wir Röcke und schöne Schuhe tragen, wir können uns Ironie leisten, und wir haben sogar Männer, die uns polnische Putzfrauen bezahlen oder sogar selbst bei der Hausarbeit mithelfen. Wir nehmen alles als selbstverständlich in Anspruch, was unsere älteren Kolleginnen und Chefinnen uns erkämpft haben – und wir sehen dabei gut aus.»

«Und dann wollen wir auch noch Kinder», sagt meine Freundin.

«Genau», meint K. «und das ist dann manchmal der Tropfen, der das Fass zum Überlaufen bringt.»

Nach dieser Unterhaltung ist meiner Freundin ein bisschen bange gewesen. Aber nicht lange. Um genau zu sein: nur bis zum nächsten Tag. Dann war sie zum Gespräch bei ihrer Chefin. In diesem Gespräch ging es darum, wann meine Freundin arbeiten wird und was sie genau zu tun hat.

Um die Frage, ob Karriere und Kind prinzipiell vereinbar sind, ging es nicht. Dafür hat sich die Chefin am Ende des Gesprächs erkundigt, wie alt unser Sohn ist, wie er heißt und ob es ihm gutgehe.

Anders als meine Freundin habe ich keine Angst vor dem Chef. Dabei kenne ich ihn gar nicht gut: Er ist mein neuer Chef. Während meiner Elternzeit hat er mir ein Angebot gemacht, nicht in meine Zeitung zurückzugehen, sondern bei seiner Zeitschrift anzuheuern. Dass ich als Vater nur eingeschränkt einsetzbar sein könnte, darauf ist er nicht gekommen. Warum auch? Anders als bei Müttern kommt bei Vätern niemand auf die Idee, dass sich Familie negativ auf ihre Arbeitsleistung auswirken könnte. Tut sie ja auch nicht. Im Gegenteil. Zwei Menschen, die arbeiten und ein oder zwei oder sogar drei Kinder haben, absolvieren ein nie enden wollendes Training in Organisation und Effektivität. Sie müssen organisierter und effektiver werden, um zu überleben. Wollen sie neben dem Überleben auch noch ein Stück ihrer Zeit für sich nutzen, müssen sie Organisationsgenies und Effektivitätsgiganten werden. Und das werden sie. Druck ist der Motor der Evolution. Wie gut organisiert und effektiv Eltern arbeiten, spricht sich herum – selbst in so schwerhörigen Institutionen wie großen Unternehmen, Behörden oder sogar Universitäten. Es ist nicht so, dass alle Personalchefs Eltern als ihre natürlichen Feinde betrachten. Nur die schlechten tun das.

Mein Kollege E. hat es nicht zum Personalchef gebracht – Gott sei Dank! Ihm berichte ich wenige Tage später vom Prosecco-Abend und dem unangenehmen Erlebnis von K. mit ihrer kinderlosen Chefin. Aber da bin ich an den Falschen geraten! Mein Kollege E. – mit dem ich auch befreundet bin – meint, wir sollten uns erstens nicht so anstellen. Und zweitens zugeben, dass «das dauernde Kinderkriegen und Elternzeitnehmen» längst einen Umfang erreicht hat, der die Produktivität vieler Unternehmen gefährde, wenn nicht gar die gesamte Volkswirtschaft. Zum Beispiel der Zeitung, die gerade auf mich verzichten muss.

«Kaum hat sich irgendwer irgendwo ein bisschen eingearbeitet, schwupps, setzt er ein Jahr aus. Und wenn sich sein Ersatzmann gerade eben eingefunden hat, schwupps, kommt er wieder zurück und muss sich wieder neu einarbeiten, da er ein Jahr lang mit dem Kopf woanders war.»

Noch mehr als die ständigen Veränderungen an seinem Arbeitsplatz wurmen E. jedoch die ständigen Veränderungen in seinem Freundeskreis. «Man kann ja überhaupt keine Verabredung mehr treffen: Der eine muss Mittwochabend seine Tochter vom Ballett abholen, der andere fährt seinen Sohn donnerstags vom Klavierunterricht zur Hausaufgabenbetreuung und danach direkt zum Tennis, der Dritte verbringt seine Wochenenden jetzt komplett auf dem Ponyhof!»

Der Fortpflanzungstrieb seiner Freunde raube ihm Lebensqualität. Er habe schon eine dicke Wochenzeitung bestellt und denke ernstlich darüber nach, einen Pay-TV-Sender zu abonnieren, nur um endlich wieder eine sichere Abendgestaltung zu haben. Er habe es nämlich satt, ständig vertröstet zu werden, wie in dem folgenden Gespräch mit einem Vater:

«Wollen wir heute Abend spontan ein Bier trinken gehen?»

«Eigentlich gerne. Nur heute geht es nicht. Und am Wochenende ist es auch schlecht. Und dann ist meine Frau erst einmal beruflich sehr eingespannt, und ich habe die Kinder. Aber Dienstag in drei Wochen sieht noch gut aus.»

Was E. in seinem Lamento verschweigt: Es ist objektiv

schwierig, Vater zu werden und weiter Umgang mit ihm zu pflegen. Ihn stört es, wenn man an einem Nachmittag beim Weizenbier ab und an einen Blick in den biergarteneigenen Sandkasten wirft. Er würde niemals mit in den Streichelzoo kommen, um ein bisschen an der frischen Luft zu reden, während der Kleine Ziegen füttert, Hasen herumträgt und Meerschweinchen ärgert. Selbst bei der Fußballweltmeisterschaft musste er erst überredet werden, bei uns gemeinsam mit vielen Freunden und ihren Kindern das Achtelfinale gegen Argentinien zu schauen. Und immer, wenn ein Kind durchs Bild huschte, hat er noch grimmiger geguckt, als wenn der deutsche Rechtsverteidiger Arne Friedrich von einem Argentinier überlaufen wurde.

Aufmerksame Leser ahnen es schon: Mein Freund und Kollege E. hat keine Familie. Kinder gibt es in seinem Leben nicht, obwohl er schon über vierzig ist. Dafür hat er sich bewusst entschieden – und Vorsorge getroffen. Als er Mitte zwanzig war, legte er sich auf einen Operationstisch. Der Arzt durchtrennte seinen Samenleiter. Seitdem braucht E. sich über das Thema Verhütung keine Gedanken mehr zu machen. E.s Hoffnung, mit dem Schnitt habe sich auch das Thema Kinder ein für alle Mal erledigt, trog allerdings. Denn zwar ist er frei vom Kinderwunsch – nicht aber seine Freundinnen bzw. seine Exfreundinnen. Von denen hat er mittlerweile eine ganze Reihe. Aber manchmal scheint es ihm, als sei es doch nur eine. Und als erlebe er wie in einer Zeitschleife wieder und wieder die gleiche Geschichte. Mit einem Unterschied – manchmal sagt er es ihnen vorher. Manchmal nachher.

Ich stehe meinem Freund und Kollegen E. recht nahe. So nahe, dass ich ihm ins Gesicht sagen kann: «Du hast nur Probleme mit den Kindern deiner Freunde, weil deine Frauen immer weglaufen, um Mütter zu werden.» Er sagt dann, dass er auch mit seiner aktuellen Freundin, die siebzehn Jahre jünger ist als er, recht glücklich sei – zumindest bis sie in ein paar Jahren fortläuft.

Die Entscheidung, keine Kinder in die Welt zu setzen, hat er nicht getroffen, weil er dachte, sie stünden seiner Karriere im Weg. An Karriere war E. nämlich damals so wenig interessiert wie an Familie. Er dachte, die Welt geht sowieso unter. Ein Krieg der hochgerüsteten Supermächte oder ein explodierendes Atomkraftwerk oder die Umweltverschmutzung würde schon bald menschliches Leben auf dem Planeten unmöglich machen. Diese apokalyptische Vorstellung klingt heute weltfremd, war jedoch Anfang der Achtziger durchaus verbreitet.

Die Welt ist nicht untergegangen. Die Wohlstandsgesellschaft auch nicht. Und mittlerweile hat sogar mein konsequenter Freund E. ihre Vorzüge entdeckt. Er legt schon seit ein paar Jahren Wert darauf, nicht mehr in nassen Wohnungen zu leben und nicht mehr bei Aldi und Lidl einzukaufen. Seine Attitüde ist längst eine bürgerliche. Dennoch ist er in vielen Fragen ein Radikaler geblieben. Vielleicht ist es das, was ihn jung hält. Obwohl die nachfolgenden Generationen so anders sind als seine, versteht er sich prima mit ihnen – vor allem mit ihren weiblichen Vertretern.

Neulich ruft mich E. an, ob ich nicht einen fähigen jungen Journalisten kenne, der zwei Wochen Redaktionsarbeit machen könne. Er brauche so dringend wie kurzfristig einen qualifizierten Vertreter. Er müsse nach Westdeutschland. Seiner alten Mutter gehe es nicht gut. Aus den zwei Wochen sind dann sechs geworden. E. hat die Wohnung seiner Mutter auf Vordermann gebracht, Essen auf Rädern bestellt und ihre Angelegenheiten geordnet.

Nach seiner Rückkehr erzählt er, obwohl seine Mutter in schlechtem Zustand war, sei die Zeit mit ihr eine gute gewesen. Er wird jetzt einmal im Monat in den Westen fahren und bei ihr nach dem Rechten sehen. Ich glaube, ich kann meinen überzeugten kinderlosen Kollegen E. doch nicht unter die Feinde der Familie zählen. Auch wenn er es immer noch hasst, wenn mein Sohn beim Fußballgucken genau dann mit den Händchen auf den Bildschirm patscht, wenn sich der Schütze den Ball zum entscheidenden Freistoß in der Nachspielzeit zurechtlegt.

Family Values

Mutter kommt zu Besuch. Nein: Oma kommt zu Besuch. Mutter und Vater sind wir ja jetzt selber, auch wenn wir das gerade im Umgang mit unseren eigenen Eltern oft noch vergessen.

Also: Oma kommt zu Besuch, und wie immer hat sie ein Geschenk mitgebracht.

Drei Geschenke, um genau zu sein. Drei Fahrradhelme. Einen für unseren Sohn, der schon sitzen kann und im nächsten Sommer vielleicht bei uns im Gepäckträgersitz mitfahren kann. Und zwei für uns.

«Aber Mama, wir sind doch Erwachsene! Wir können Fahrrad fahren», sage ich pikiert.

«Auch Erwachsene können stürzen. Und so ein Helm kann Leben retten», gibt sie zurück.

«Es ist so», versucht meine Freundin zu erklären: «Kinder sollten selbstverständlich mit Helm fahren, denn sie fahren unsicher. Aber Erwachsene, die mit Helm fahren, sind Menschen im Sicherheitswahn. Helmradler sind die Ökovariante vom Spießer, der die Tür von seinem Eigenheim mit zwei Schlössern sichert.»

«Ach, ich weiß nicht. Außerdem hat jetzt eure ganze Familie den gleichen Fahrradhelm. Das passt doch.»

«Fahrradhelm und Partnerlook – um Gottes willen!», sagen meine Freundin und ich beinahe gleichzeitig.

Oma ist ein bisschen eingeschnappt. Aber sie gibt nicht auf. Nach ein paar Tagen, in denen sie mit unserem Sohn durch Berlin-Kreuzberg spaziert ist, nimmt sie einen zweiten Anlauf.

«Ich glaube, ihr seht das falsch mit den Helmen. Ich treffe den ganzen Tag Menschen auf Fahrrädern mit Helmen hier. Alle Leute, die mit Kindern unterwegs sind, tragen sie. Und viele andere auch! Und dass ihr alle den gleichen Helm tragt, ist auch nicht schlimm: Schließlich seid ihr jetzt eine Familie. Ich glaube, ihr habt noch Probleme, das zu akzeptieren.»

Leider hat sie recht, wenigstens ein wenig. Ein Kind verändert nicht nur die Ess-, Trink-, Urlaubs-, Schlaf- und Beischlafgewohnheiten seiner Eltern. Sondern auch ihren Blick auf die Welt. Die Welt war immer schon ein verdammt gefährlicher Ort. Aber jetzt ist jede Straße eine Gefahrenzone, jede ungesicherte Küche ein Risikogebiet und jede steile Treppe ein Quell der Angst. Eltern entwickeln scharfe Sensoren, entdecken im Alltag unsichtbare Gefahren, wittern Gifte und finden im Verborgenen lauernde Schadstoffe. Es gibt nur wenige Eltern, die frei davon sind. Deren Kinder sehen blass aus und kränklich, weil ihre Eltern ihnen nicht «zur Sicherheit» immer eine Regenjacke einpacken. Manchmal tragen sie Kopfverbände, weil sie vom Fahrrad gestürzt sind und keinen Helm aufhatten.

Aber die meisten Eltern achten nicht nur darauf, dass ihr Kind vor jeder Gefahr geschützt ist, sondern werden vorsichtigere Menschen, was ihre eigene Person angeht. Als meine Freundin ihrer Autoversicherung mitteilte, dass sie Mutter geworden sei, wurde ihr automatisch ein Rabatt von fünf Prozent eingeräumt. Die Statistik lügt nicht: Eltern fahren vorsichtiger.

Das klingt spießig, ist es aber nicht. Das Gefühl, das hinter dieser Haltung steht, hat Bertolt Brecht in einem schönen Gedicht aufgeschrieben:

Der, den ich liebe,
Hat mir gesagt,
Dass er mich braucht.
Darum
Gebe ich auf mich acht
Sehe auf meinen Weg
Und fürchte von jedem
Regentropfen
Dass er mich erschlagen könnte.

Es sind nicht die schlechtesten Menschen, die sich vor Regentropfen fürchten und deshalb ihrer ganzen Familie Fahrradhelme verpassen. Brecht selbst hat allerdings nicht dazugehört. Er ist sogar ohne Helm Motorrad gefahren.

Die besonders ausgeprägten Gefahrensensoren von Eltern sind durchaus ein sinnvolles Produkt der Evolution. Aber Eltern sollten sie auch ausschalten können. Und zwar sofort, wenn die Kinder schlafen oder in der Kita oder sonst wo in Sicherheit sind. Es gibt eine Menge Eltern, die das nicht können. Diese Eltern leben in ständiger Angst. Sie setzen nicht nur ihren Kindern Fahrradhelme auf, sondern auch sich selbst. Die Angst-Eltern sorgen sich nicht nur, wenn das Kind eine halbe Stunde zu spät aus der Schule kommt, sondern auch, wenn der Partner nach der Arbeit nicht sofort zu Hause ist. Jede Reise eines Familienmitglieds führt bei ihnen zu Schweißausbrüchen, als wäre es eine Expedition in einen unerforschten, malariaverseuchten Dschungel. Meine Mutter war eigentlich keine Angst-Mutter. Aber als Oma scheint sie sich zu einer Angst-Oma zu entwickeln. Das ist mir gar nicht recht.

«Wer sich nur noch als Vater oder Mutter versteht, handelt irrational. Schau dir die USA an: Dort gibt es mittlerweile sogar den politischen Begriff ‹Family Values›. Familienwerte, an denen vom Präsident bis zum kleinsten Sheriff keiner vorbeikommt, der wiedergewählt werden will.»

«Es ist doch gut, wenn die Politiker an die Kinder denken», wirft meine Mutter ein.

«Ja, und deshalb sind sie gegen die Homo-Ehe, gegen Sex vor der Ehe, Abtreibung und gegen Steuererhöhungen, aber für freien Waffenbesitz, für billiges Benzin und dafür, dass in den Schulen gebetet wird, bevor der Unterricht beginnt. Außerdem meint Family Values, dass ‹unsere Kinder› im Irak die notwendige Unterstützung durch den Rest der Nation bekommen, also für ein gigantisches Militärbudget.»

Dieses Argument war ein bisschen unfair, denn meine Mutter teilt keinen dieser reaktionären Standpunkte. Und die Helmradler in unserem Stadtviertel auch nicht. Auch die meisten amerikanischen Familien nicht. Bei liberalen Eltern könne Family Values auch Anspruch auf Mutterschutz, kostenlose Kinderbetreuung und Schulbildung und eine bezahlbare Krankenversicherung bedeuten.

Die deutschen Eltern lassen sich weder von den liberalen noch von den konservativen Familienwerten der Amerikaner leiten. Sie geben erst gar nicht zu, welche zu haben. Haben sie aber doch. Die deutschen Family Values leiten sich alle aus dem gleichen Satz ab: «Wir haben die Erde von unseren Kindern nur geliehen.» Diese politische Parole aus den Achtzigern beschreibt die Haltung, die deutsche Eltern gegenüber der Welt einnehmen. Als sie aufkam, wurden Kinder gerne zu den großen Friedensdemonstrationen mitgenommen. Meine Freundin hingegen musste zur gleichen Zeit im Osten an jedem 1. Mai mit weißer Bluse und blauem Halstuch für den bewaffneten Frieden marschieren – der selbstverständlich vor allem den Sozialismus für die Kinder und kommende Generationen schützte.

Aktuell droht die Apokalypse nicht durch den Dritten

Weltkrieg oder das Waldsterben, sondern durch die Klimakatastrophe. Und auch hier verteidigen deutsche Eltern die Erde für ihre Kinder gegen den mörderischen Fortschritt. Sie verteidigen sie im wärmegedämmten Passivhaus mit Solaranlage auf dem Dach, Holzpellet-Heizung im Keller, geschlossenem Wasserkreislauf und anliegendem Windrad. Allerdings steht daneben meist ein Volvo-Kombi, der mit stolzen 193 Gramm CO_2 pro Kilometer die Atmosphäre aufheizt, oder sogar ein VW Sharan, der uns mit absurden 259 g/km dem Weltuntergang näher bringt. Selbstverständlich gibt es umweltfreundlichere Autos, aber die bieten nicht mit ABS, Seitenaufprallschutz, vier Airbags, Stabilitätssystemen und intelligenter Elektronik den optimalen Schutz aller Familienmitglieder vor Unfällen. Beim Familienauto erschlägt die Furcht vor dem Brecht'schen Regentropfen die Furcht vor dem Weltuntergang.

Darüber spotte ich nicht. Denn ich kenne einen ökologisch übermotivierten Politikwissenschaftler, bei dem es umgekehrt ist. Aus Furcht vor dem Weltuntergang setzt er seine Familie nicht dem mörderischen Regentropfen, aber dem Hitzschlag aus. Er besitzt ein Dreiliterauto, und damit fährt er tatsächlich nur verbrauchsoptimale 60 km/h. Und zwar auf der Autobahn, gnadenlos, bis Andalusien, weil Fliegen noch umweltfeindlicher wäre. Wenn er nach neun Tagen in Spanien ankommt, können sich seine völlig erschöpfte Frau und seine beiden traumatisierten Kinder damit trösten, keine Schuld an der Klimakatastrophe zu tragen.

Jetzt ist meine Mutter richtig sauer. Sie mag nicht, wie wir über Leute lästern, die aus der Welt, in der wir leben, einen besseren Ort machen wollen: «Eurer Generation täte ein bisschen mehr Elternperspektive ganz gut», schimpft sie, «aber bei euch gibt es ja noch weniger junge Leute mit Kindern als zu meiner Zeit.»

«Immerhin kennt unsere Generation den Begriff ‹Nachhaltigkeit›», wende ich ein. «Wir versuchen nicht nur den Wald zu retten, sondern auch die Staatsfinanzen und die Sozialsysteme. Deine Jahrgänge haben doch die Schulden gemacht, die uns heute drücken: Wir wissen, wir haben nicht nur die Welt von unseren Kindern geborgt, sondern auch den Staat!»

«Na toll», sagt meine Mutter: «Dann können die Politiker, die für ihre Sparpolitik Sozialleistungen kürzen, auch noch behaupten: ‹Ich habe es nur für die Kinder getan!›»

Früher gab es den Begriff Nachhaltigkeit noch nicht. Und auch nicht die Haltung, die dahintersteht. Meine Eltern waren immer für einen Staat, der das Geld unter die Leute bringt, und sind mit uns im Spritfresser in nur drei Tagen an die Costa del Sol gerauscht. Und mein Vater hat dabei auch noch geraucht. Das alles geht heute nicht mehr. Rauchen ist Körperverletzung geworden. Eltern, die rauchen, begehen ein Kapitalverbrechen. Um keine Missverständnisse aufkommen zu lassen: Auch ich bin entschieden dagegen, dass Kinder mit Zigaretten in Kontakt kommen. Ich möchte sogar behaupten: Niemand ist mit so viel Fug und Recht wie ich dagegen. Ich habe nämlich als Kind selbst zur Zigarette gegriffen. Schon sehr früh. Noch früher als Huckleberry Finn am Mississippi oder der schlimmste Pubertierende in der Raucherecke der härtesten Problemhauptschule. Ich habe meine erste Zigarette versucht, als ich noch kein Jahr alt war.

Mein Vater ließ damals eine Päckchen John Player Special irgendwo liegen, wo ich sie krabbelnd erreichen konnte. Ich robbte heran, nestelte eine Zigarette aus der Packung, untersuchte sie zwischen meinen Fingerchen und schob sie mir in den Babymund. Meine Mutter hat es gesehen. Allerdings erst, als ich schon einen Teil der Zigarette heruntergeschluckt hatte. Mein Vater hatte Glück. Er war gerade nicht da. Sonst hätte sie ihn wohl erschlagen. So schlug sie mich – auf den Rücken. Außerdem stellte sie mich auf den Kopf und steckte mir sogar einen Finger in den Mund, auf das ich würgen solle. Aber ich erbrach mich nicht, sondern begann am ganzen Körper zu zittern. Meine Mutter deutete panisch Vergiftungserscheinungen, rief einen Krankenwagen, wartete aber nicht auf ihn, sondern stürmte zur Straße, um ein Taxi anzuhalten. Weil weder Krankenwagen noch Taxi zu sehen war, schleppte sie mich auf Pantoffeln zum Kinderarzt, der glücklicherweise nur wenige Straßen weiter praktizierte.

«Du warst gelb im Gesicht, hattest Atemnot und Schweißausbrüche, und ich dachte, du stirbst, wenn ich es nicht rechtzeitig mit dir zum Arzt schaffe», erinnert sie sich.

«Und hast du's geschafft?»

«Fast. Als wir genau vor der Tür der Praxis standen, hast du endlich gekotzt. Du hast die Zigarette herausgewürgt und geweint. Und ich mit.»

Ich gebe zu, auch Eltern ohne ein vergleichbares frühkindliches Trauma haben Grund, dagegen zu sein, dass Kinder rauchen. Aber viele Eltern sind auch dagegen, dass Erwachsene rauchen. Sie finden es nicht nur unmöglich, dass Kinder Rauch ausgesetzt sind. Nein, sie finden, dass Menschen generell kein Recht haben zu rauchen. Und andere Leute eigentlich auch nicht. Nicht auf dem Balkon, nicht vor der Haustür oder sonst wo. Denn Kinder gelte es nicht nur vor dem Passivrauchen zu schützen, sondern auch vor dem schlechten Vorbild. Es gibt Eltern, die treiben es so weit, dass sie nicht nur Orte meiden, an denen sich Raucher aufhalten, sondern auch Orte, von denen aus Raucher zu sehen sein könnten. Ich habe schon erlebt, wie eine Kellnerin von einem hysterischen Vater aufgefordert wurde, die

Aschenbecher von allen Tischen einzusammeln, solange sein Sohn in Reichweite sei. Das war in einem Biergarten.

Vielleicht sollten wir die Elternperspektive an dieser Stelle einmal verlassen und eine Art Gegenprobe machen: Wie sehen eigentlich die anderen die Welt? Die Leute, die keine Kinder haben. Sind die für Umweltverschmutzung und Staatsverschuldung und gegen den Frieden? Es ist schon seltsam: Bordelle werden seit jeher vor allem von Familienvätern besucht, einige der bösesten Konzerne gehören Investorenfamilien, und die englische Premierministerin und Mutter Maggie Thatcher ist auch nicht für ihre Warmherzigkeit berühmt geworden. Dennoch hält sich tapfer die Vorstellung, Eltern müssten die besseren Menschen sein.

Bin ich durch meinen Sohn zu einem besseren Menschen geworden? Wenn ich darüber nachdenke, stelle ich erschreckt fest: Nein. Meine Ansichten zu Umweltschutz, Staatsverschuldung und dem Krieg im Irak haben sich nicht verändert. Ich habe nach der Geburt meines Sohnes nicht einmal mit dem Rauchen aufgehört. Ich habe nämlich gar nicht geraucht. Bis mein Sohn kam.

Wer mit dem Rauchen anfängt, wenn ein Kind geboren wird, macht sich wirklich angreifbar. Also will ich es Schritt für Schritt erklären. Ich weiß um die vielen Gifte im Tabak. Ich weiß allerdings auch eine Eigenschaft zu schätzen, die vom Nikotin oder von einem der anderen Gifte kommt. Wenn ich eine Zigarette rauche, ja, wenn ich nur an einer Zigarette ziehe und den Rauch tief einatme, entspannt sich mein Körper ein wenig. Und noch besser: mein Gehirn. Rauchen ist für Leute, die sich nicht mehr selbst entspannen können. Leute, die so viel Stress haben, dass sie ihn gar nicht schnell genug loswerden können. Frontsoldaten dürfen deshalb rauchen – in allen Kriegen. Ärzte, die in der Notaufnahme arbeiten. Nachrichtenjournalisten. Börsenmakler. Und Männer in Elternzeit.

Nie habe ich die Zigarette zur Entspannung so gebraucht wie heute. Zu dieser kleinen Droge greife ich, wenn ich fünf Minuten Pause auf dem Balkon machen kann, weil mein Sohn ein Bilderbuch anguckt. Oder abends, wenn mein Sohn nach einer Stunde Liedchensingen endlich eingeschlafen ist. Oder wenn ich mich mit meinen Freunden zum Biertrinken treffen kann und nicht den halben Abend verspannt an zu Hause denken möchte. Also werde ich jetzt schwach. Manchmal. Immer öfter. Aber keine Angst, richtig anfangen werde ich bestimmt nicht. Ich habe schließlich Familie.

Ende und Anfang

Auf einer Reise habe ich zum ersten Mal erfahren, dass ich bald eine Familie habe. Seitdem sind fast zwei Jahre vergangen. Langsam spüren wir, wie so etwas wie Normalität in unser Leben zurückkehrt. Meine Freundin arbeitet schon seit einem Jahr wieder, und nach diesem Wochenende endet auch meine Elternzeit. Der Junge ist in einer Kita eingewöhnt, die nur fünf Minuten von unserer Wohnung entfernt liegt. Es scheint ihm dort zu gefallen.

Wir haben das Gefühl, die erste Phase der Familienwerdung erfolgreich bestanden zu haben. Das feiern wir in unserem neuen Stammlokal. Es ist ein Italiener, der gut kocht und außergewöhnlich gut ausgeleuchtete Räume hat. Anders als andere Paare suchen wir jetzt immer Lokale aus, die sehr hell sind. Denn wir sind sehr müde zurzeit.

Unser Junge, der längst gelernt hat durchzuschlafen, weckt uns nämlich neuerdings wieder mehrmals in der Nacht. Kitakinder sind im ersten Winter immer krank, weil sie alle Immunitäten, die ein Mensch so braucht, auf einmal erwerben. Wir haben schon Bronchitis, Bindehautentzündung und Dreitagefieber mit Ausschlag hinter uns. Aber die erfahrene Erzieherin hat uns jede Hoffnung geraubt, die nächsten Monate ohne weitere Erkältung oder andere Infekte zu überstehen. Wenn wir viel Glück haben, meint sie, kommen wir vielleicht um eine Mittelohrentzündung herum. Gerade ist unser Junge nicht ernsthaft krank. Er ist nur normal winterkrank: Tagsüber läuft ihm grüne Rotze aus der Nase. Nachts läuft sie den Rachen entlang und lässt ihn husten. Dann wacht er auf und wir auch. Heute Nacht nicht. Heute Nacht wacht (im doppelten Wortsinn) die Babysitterin über ihn.

Aber morgen früh wird sie fort sein, und einer von uns wird um halb sieben mit unserem Sohn aufstehen müssen. Früher habe ich in durchzechten Nächten oft Rainer Werner Fassbinder zitiert: «Schlafen kann ich, wenn ich tot bin.» Richtig verstanden, was der Spruch meint, habe ich erst als Vater. Manchmal fragen uns Freunde, was wir am meisten vermissen, seit wir Kinder haben. Vielleicht unsere gemeinsamen Reisen? Oder Tage, die man einfach sinnlos auf dem Balkon oder vor dem Fernseher vertrödelt? Oder Zeit für uns zwei?

Die Antwort ist: Nichts von alledem. Wir kommen gar nicht dazu. Wir vermissen auszuschlafen. Für unsere Kurzurlaube ohne Kind suchen wir uns ruhige Ziele und stille Hotels. Wir machen dann Urlaub im Schlafland. Darauf freuen wir uns schon Wochen vorher. Schlafen ist ein Kontinent der Sehnsucht für uns – so fern wie früher Afrika. Wir schlafen ein, aus und durch, als gäbe es kein Morgen. Dabei gibt es ein Morgen. Es gibt sogar ein Übermorgen.

Übermorgen beginnt auch für mich wieder das normale Leben. Nach einem Jahr Elternzeit kehre ich ins Berufsleben zurück. Die Pause ist mir leichtgefallen, weil ich, wenige Wochen nachdem ich ausgestiegen war, ein Angebot von einem neuen Arbeitgeber erhielt. Es passte in die Pläne des Unternehmens, dass ich erst nach der Elternzeit anfangen wollte. Ich unterschrieb den Vertrag, und die Urangst aller Väter und Mütter, beruflich den Anschluss zu verlieren, quälte mich fortan nicht mehr. Ich habe Glück gehabt. Am Montag wird mich meine neue Abteilungsleiterin mit den Worten begrüßen: «Du kommst gerade aus der Elternzeit? Toll, dann ist hier ja wenigstens einer richtig erholt.»

Übermorgen bin ich also wieder ein arbeitender Mensch. Morgen ist der letzte Tag meiner Elternzeit – offiziell. In Wirklichkeit nicht. Ich höre ja nicht auf, Vater zu sein, weil die Elternzeit zu Ende geht. Der ganze Begriff, der vor ein paar Jahren das absurde Wort «Vaterschafts*urlaub*» ersetzt hat, ist ebenfalls unangemessen: Elternzeit ist immer, wenn es Kinder gibt. Egal, ob man noch nebenbei einen Job hat oder gerade beurlaubt ist. Egal, ob man fit ist oder gerade erkältet. Egal, ob man wacht oder schläft. Egal, ob auf der Arbeit, zu Hause oder im Urlaub.

Auch meiner Freundin ist es augenscheinlich nicht bewusst, dass meine Elternzeit an diesem Wochenende zu Ende geht. Sie lässt sich jedenfalls beim Italiener nichts anmerken. Kein Kuss, keine Aufmerksamkeit, kein Wort, keine Geste verrät, dass sie würdigt, dass ich ein Jahr lang zu Hause geblieben bin. Gut, was habe ich erwartet? Einen Blumenstrauß? Einen silbernen Kugelschreiber, auf dem «Danke, Papa!» eingraviert ist, den ich stolz meinen neuen Kollegen zeigen kann? Oder vielleicht etwas legerer: Ein Fußballtrikot, auf dem «Papa» steht und «Nr. 1». Nichts gibt's! Wenn ich darüber nachdenke, muss ich mir eingestehen: Ich finde meine Freundin undankbar. Aber überrascht bin ich nicht. Denn mein Kollege J. hat es mir vorhergesagt. J. ist zehn Jahre älter als ich und hat es nicht nur geschafft, drei Kinder in die Welt zu setzen, sondern auch um die damit verbundene Arbeit fast völlig herumzukommen. Er ist glücklich verheiratet und hat mir erklärt, warum.

«Ich arbeite im Büro und nicht zu Hause. Da arbeitet sie.»

«Und wie findet sie das?»

«Sie ist dankbar.»

«Dankbar?»

«Das ist doch der Vorteil der klassischen Rollenaufteilung, bei der die Kinder komplett in den Aufgabenbereich der Frau fallen: Wenn der klassische Mann nun trotzdem einmal die Windeln wechselt, nimmt er ihr Arbeit ab. Wenn er am Wochenende mit dem Kind aufsteht, damit sie ausschlafen kann, nimmt er ihr Arbeit ab. Wenn er gar einen Kurzurlaub mit dem Kind macht, schenkt er ihr ein paar Tage. Das mache ich alles, und meine Frau ist dafür sehr dankbar.»

«Aber ich mache noch viel mehr. Warum bekomme ich nicht auch mehr Dankbarkeit?»

«Klar machst du mehr. In einer modernen Rollenaufteilung, wie ihr sie lebt, fällt das Kind in den Aufgabenbereich beider Partner. Der moderne Mann nimmt seiner Frau keine Arbeit ab, wenn er Windeln wechselt. Er schenkt ihr keine Zeit, wenn er am Wochenende aufsteht, und selbst sein Kurzurlaub mit Kind wird vielleicht wohlwollend, aber nicht als etwas Ungewöhnliches vermerkt. Denn das alles sind ja auch *seine* Aufgaben.»

Diese Argumentation ist perfide und zynisch – und leider völlig richtig. Wenn der klassische Mann 5 Prozent der Arbeit erledigt, tut er mehr, als er muss. Wenn der moderne Mann 50 Prozent erledigt, erfüllt er nicht mehr als sein Soll. Wenn der Mann in Elternzeit 90 Prozent erledigt, sind das eigentlich 10 Prozent zu wenig.

Es scheint paradox, aber so ist es: Ein Mann, der eine Windel wechselt, erntet Dankbarkeit. Ein Mann, der viele Windeln wechselt, erntet Stress. Also, Männer, wenn ihr darüber nachdenkt, ein halbes, ein ganzes, zwei oder gar drei Jahre mit euren Kindern zu Hause zu bleiben: Tut es oder lasst es. Aber tut es auf keinen Fall für die Dankbarkeit der Frauen!

Und warum dann? Das ist eine gute Frage. In einem

skandinavischen Ratgeber für moderne Väter las ich, die Elternzeit sei eigentlich eines der letzten männlichen Selbstverwirklichungsabenteuer – nur zu vergleichen mit einem Marathonlauf, dem Besteigen eines hohen Berges oder meinetwegen dem Pilgern auf dem Jakobsweg. Das klingt gut, ist aber völliger Unsinn. Sich um ein Baby zu kümmern heißt, die eigenen Bedürfnisse und Launen zurückzustellen. Es ist das genaue Gegenteil von Selbstverwirklichung. Der einzige wirklich stichhaltige Grund, warum es sich lohnt, für Kinder sein Leben zu ändern, sind die Kinder selbst.

Ich schaue meine Freundin an, die gerade den angebotenen Wein ablehnt und um einen alkoholfreien Drink bittet, und denke daran, wie wir uns verändert haben, seit wir nicht nur ein Paar, sondern auch eine Familie sind. Wir geben uns Mühe, nicht so oft zu streiten. Wenn wir es aber doch tun, tun wir es entschlossener, stärker, direkter und intensiver als vorher. Ich möchte fast sagen: besser. Das Gleiche gilt auch für andere Dinge, die Paare miteinander tun.

Wir sind immer noch ein Paar. Und mehr: Wir sind eine Familie. Das ist für uns etwas Neues – und für alle, die ein Kind erwarten oder gerade eines bekommen. Aber sie können beruhigt sein: Andere haben es auch geschafft. Wenn man darüber nachdenkt, fällt einem auf: Kaum etwas schaffen Menschen immer wieder so gut wie Familie.

Der Abend ist dann sehr nett geworden. Wir haben unsere Müdigkeit abgeschüttelt und uns gut unterhalten. Sie will fahren, und ich kann trinken. Nach dem Dessert, ich will schon den Grappa bestellen, gibt es eine Pause in der Konversation. Meine Freundin schweigt, um die Spannung zu steigern. Ich denke schon, sie schenkt mir doch noch etwas. Und das tut sie auch. Sie legt ihre Hand mit geschlossener Faust auf die Tischdecke. Darin muss es sein. Groß ist es ja nicht.

«Alles in allem hatten wir doch eine phantastische Zeit», sage ich, um die Stille zu durchbrechen, «findest du nicht auch?»

«Ja», sagt sie, «aber es kommt noch besser. Bald schon.»

«Wie meinst du das?»

«Schau nach.»

Sie dreht ihre Hand um. Ich löse ihre Finger und öffne die Faust. Darin liegt eine kleine Zulu-Echse. Noch eine!